Quand j'étais petit, j'étais catholique

Pour Alicia,
qui elle ne
l'était pas !

Chaleureusement
Pierre

DU MÊME AUTEUR

D'Narrehewler, théâtre, BF Éditions, 1983

La langue perdue des Alsaciens, essai, La Nuée Bleue, 1995

Pierre Kretz

Quand j'étais petit, j'étais catholique

roman

La Nuée Bleue

À Astrid, ma femme juive, sans qui
ce petit catholique n'aurait pas vu le jour.

Toute mon amicale gratitude à Cécile, Christine,
Evelyne, Georges, mes premiers lecteurs,
attentifs et bienveillants.

ISBN 2-7165-0659-0

1

Dans l'église du village où vivait le petit catholique, le confessionnal était caché derrière l'autel. Les pécheurs de la paroisse qui allaient se confesser là s'éclipsaient donc doublement. Avant qu'ils ne s'engouffrent dans la cage minuscule, on les voyait disparaître derrière l'autel, honteux, voûtés, écrasés par le lourd fardeau des péchés accumulés depuis leur dernière confession.

Les adultes étaient prioritaires, car le prêtre confessait à l'heure de la traite des vaches. Les petits catholiques du village étaient donc en attente, et voyaient une partie des adultes disparaître ainsi derrière l'autel, pour en resurgir, soulagés, détendus, quelque cinq minutes plus tard.

Le petit catholique était persuadé que cette légèreté dans la démarche, ce sourire au milieu du visage étaient la preuve manifeste des effets bénéfiques du pardon accordé par le prêtre au nom du Père qui est aux Cieux. Il ne pouvait pas imaginer que, derrière la lourdeur de la démarche à l'aller, il y avait en pensée, dans l'esprit du pécheur, « Qu'est-ce que je vais bien pouvoir lui raconter ? » ; et, dans la légèreté sur le chemin du retour, la joie d'être débarrassé de la corvée.

Les deux parties du confessionnal étaient séparées par un croisillon en bois, du type de ceux que l'on voit dans les parloirs de carmels, ou plus précisément dans les parloirs de carmels de cinéma. Malgré l'éloignement des paroissiens présents dans la nef de l'église, les paroles étaient chuchotées. Le prêtre, dont le visage était collé au croisillon, se trouvait ainsi dans une intimité totale avec le pécheur. Il semblait au petit catholique que l'odeur caractéristique de son haleine était liée à tous ces péchés que les villageois venaient abandonner là.

Le sacrement de la pénitence est l'un des sept sacrements réglementés avec précision par la Très Sainte Église. La confession, comme on nommait couramment ce sacrement, fait figure d'institution propre au catholicisme, une de celles qui intriguent ou font ricaner bon nombre de non-baptisés. Cependant, ce qui marquait le plus profondément le petit catholique, ce n'était pas le mystère de ce sacrement, mais cette étrange odeur d'adultes dans ce placard où ils venaient se débarrasser de leurs péchés.

Il avait constaté que, dans d'autres églises, les confessionnaux se trouvaient sur le côté de la nef, à proximité immédiate des bancs, ce qui l'avait intrigué : et si une personne présente dans l'église attrapait au vol des bribes de péchés confessés, que resterait-il du sacro-saint secret de la confession ?

Un exemple concret : monsieur Sender n'a pas respecté le commandement « Tu aimeras ton prochain comme toi-même». Il va se confesser dans l'un de ces confessionnaux perméables à la première oreille venue.

– Pardonnez-moi, mon père, parce que j'ai péché (c'est ainsi qu'il faut obligatoirement commencer).

– Quels sont vos péchés, mon fils ?

– J'ai un proche voisin, vous le connaissez, c'est l'organiste, que je n'aime pas comme moi-même parce que son chien aboie des nuits entières, ce qui m'empêche de dormir.

– Ce n'est pas bien, mon fils !

– Je sais bien que ce n'est pas bien, je me lève une semaine sur trois à quatre heures du matin. On fait les trois huit à l'usine, alors vous pensez.

– Ce n'est pas ce que je voulais dire, mon fils. Ton proche voisin est ton prochain, il faut donc l'aimer comme toi-même, et respecter son chien car les animaux sont des créatures divines.

– Mais mon père, je ne m'aime pas. Je ne me suis jamais aimé. J'ai d'ailleurs eu une enfance très malheureuse. Je ne me souviens pas que ma maman m'ait embrassé une seule fois, ou que mon papa m'ait adressé une seule parole gentille.

Imaginons un seul instant... Le voisin est justement de passage dans l'église. Ce qui, après tout, n'est pas impossible pour un organiste. Par malchance, le curé est dur d'oreille et non appareillé. Par un hasard incroyable, l'organiste passe dans la nef juste au moment où Sender, son voisin, vide son âme...

Cet exemple concret permet de comprendre la satisfaction du petit catholique à l'idée que le confessionnal de son village était à l'abri de tels risques. Pendant qu'il attendait son tour, le petit catholique récapitulait les péchés qu'il allait confesser, péchés inventés pour la plupart, repris à chaque confession avec l'espoir que le prêtre aurait oublié les aveux précédents. Ainsi confessait-il qu'il avait menti à ses parents, ce qui était un mensonge car, sauf en de rares exceptions, comme au confessionnal, il ne mentait pas.

Mais ce péché-là avait l'avantage de la lisibilité. C'était une transgression claire, nette et précise du commandement « Tu ne mentiras pas ». Il avouait également un autre péché qui, lui, était partiellement exact : qu'il ne s'essuyait pas suffisamment les pieds sur le paillasson, surtout par mauvais temps, ce qui rendait sa maman très malheureuse. Contravention sans appel au cinquième commandement : « Tu honoreras ton père et ta mère. » Il en avait un autre en réserve : le péché de gourmandise. Il n'était pas spécialement gourmand, mais il avait le sentiment que ce péché-là passait sans difficulté, le curé le trouvant somme toute acceptable.

Tous ces habitants du village qui disparaissaient derrière l'autel pour s'engouffrer dans le placard à péchés avaient donc des choses à confesser ? Même les vieilles bigotes ? Alors qu'elles ne manquaient pas un office, lisaient la presse de l'évêché, faisaient le pélerinage de Lourdes au moins une fois dans leur vie, poussaient les chaises roulantes de candidats au miracle, changeaient quotidiennement l'eau des vases de l'église, lisaient la vie des saints, couvraient les murs de leurs maisons d'images pieuses et de crucifix de toutes les tailles et de toutes les couleurs ?

Certaines avaient même fait construire dans leurs jardins des grottes de Lourdes en blocs de granit.

2

Le petit catholique comprit très vite que le village dans lequel il était né était un village de pécheurs.

Il ne voyait aucune issue à ce drame effroyable dont la cause semblait remonter, à en croire les leçons de catéchisme, à l'origine même du monde : les hommes étaient tous des pécheurs. Le Christ n'était-Il pas venu sur terre, envoyé par Dieu le Père en personne, pour mourir sur la Croix et nous sauver de nos péchés ? C'est donc que nous étions déjà pécheurs avant Sa venue ? Et on avait beau se confesser à longueur de temps, cela n'y changeait rien. Sinon, pourquoi les bigotes et les chères sœurs auraient-elles continué à faire le siège du placard à péchés ?

Le petit catholique avait beau interroger avec angoisse tous les crucifix qui peuplaient son univers, chez ses parents, à l'église, à l'école, sur les calvaires à la croisée des chemins : le visage du Christ déformé par la souffrance et les larmes qui inondaient Ses joues étaient autant de reproches vivants, d'accusations de péchés toujours accumulés et non encore déposés derrière l'autel de l'église, alors que Lui, le Fils de Dieu, était mort sur la Croix pour racheter le petit catholique, comme ça, par amour, sans que ce dernier Lui eût demandé quoi que ce soit.

Mais quels pouvaient donc être les péchés commis par ces femmes et ces hommes, travailleurs, dignes, dont la présence s'inscrivait dans l'univers du village comme les vignes et les bois qui l'entouraient ? Voilà une question du petit catholique restée sans réponse à jamais. Par exemple, le brave gars qui habitait tout en haut du village, ouvrier paisible qui fendait le bois de tous les petits vieux du voisinage dès qu'il rentrait de l'usine, balayait la rue devant sa maison pendant des heures le samedi, parce que c'était l'occasion de deviser longuement avec tout le monde : eh bien, lui, quels péchés avait-il bien pu commettre ? se demandait le petit catholique.

Les chères sœurs, elles, se confessaient une fois par semaine. Elles avaient sacrifié leur vie entière au Christ. Jusqu'à abandonner leur identité civile, qui était ignorée. Elles s'appelaient « sœur Marie-Ceci » ou « sœur Marie-Cela ». Elles passaient leurs journées à enseigner, à prier et à jardiner. Où trouvaient-elles seulement le temps de commettre des péchés ?

Chacun sait ou devrait savoir qu'il y a deux sortes de péchés : les péchés capitaux ou graves, et les péchés véniels.

Le péché véniel n'est pas grave, puisqu'il s'oppose par définition au péché grave, justement.

Concrètement, le petit catholique avait appris par cœur au catéchisme que le péché véniel ne faisait pas perdre la Grâce Sanctifiante. Personne ne comprenait en cours de catéchisme ce qu'il fallait entendre par perdre ou ne pas perdre la Grâce Sanctifiante, d'autant que la langue de la contrée en ce temps-là était un dialecte très éloigné du français de catéchisme. Heureusement, on donnait aux petits catholiques des exemples concrets : « Vous mourez sans avoir confessé les quelques péchés véniels qui traînent au fond votre conscience, comme par exemple ne pas s'essuyer les chaussures par temps de pluie ? C'est regrettable pour vous, car vous ne filez pas tout droit au Ciel. Mais, après quelques semaines ou quelques mois de purgatoire, vous finissez quand même par y arriver. »

Une question que le petit catholique se posait souvent et à laquelle il n'avait jamais de réponse, c'était de savoir si celui qui finit par arriver au Ciel, après un séjour plus ou moins long au purgatoire, reste marqué du sceau de ce passage, ou si au contraire son « casier judiciaire catholique et romain » est totalement nettoyé, amnistié, vierge.

Alors que le péché capital, lui, bien évidemment, est tout sauf véniel. Il est carrément grave, comme son nom l'indique. On l'appelle aussi péché mortel, c'est dire. Les péchés ont donc ceci de commun avec certains champignons : il en est qui ne pardonnent pas – ils sont mortels !

Tuer quelqu'un, bien sûr, c'est le péché mortel par excellence. C'est évident : « Tu ne tueras point », c'est bien connu. C'est le péché à propos duquel il est vivement conseillé, immédiatement après l'avoir commis, le canon du revolver encore fumant, de se précipiter vers le confessionnal le plus proche, de passer devant les autres pécheurs si jamais il y a une file d'attente, en s'excusant d'un « C'est très, très grave ! » que tout le monde comprendra.

3

Le petit catholique avait été profondément ébranlé par la diatribe d'un notable du village contre le principe même de la confession. Il lui sembla, ce jour-là, être en présence d'un péché capital qui se commettait en direct sous son regard impuissant.

Le blasphème était bien sûr un péché grave. Et le notable en question avait blasphémé en présence du petit catholique inquiet, sans mesurer le traumatisme qu'il avait ainsi provoqué au fond de son âme : fallait-il, si l'on avait assisté en direct à la commission d'un péché grave, le dénoncer ? À quelle instance ? Il ne pouvait pas avouer le blasphème en confession, puisqu'il n'en était pas l'auteur. Mais ne pourrait-on pas en revanche lui faire un jour le reproche de sa passivité ?

Cette diatribe d'un catholique contre la confession, le sacrement de la pénitence en termes plus choisis, remettait en cause l'ordre établi du monde dans lequel baignait le jeune catholique. Nous sommes tous des pécheurs, cela est établi une fois pour toutes. Si le

Christ est mort sur la Croix, c'est bien qu'il y avait une raison à cela. Le Fils de Dieu n'était pas venu Se faire crucifier sur terre sans aucune raison, quand même. Tous les pécheurs du village des pécheurs savaient bien sûr que le Christ S'était fait crucifier spécialement pour les sauver de leurs péchés.

Mais visiblement ce sacrifice n'était pas suffisant, sinon on n'aurait pas institué en plus le sacrement de la pénitence. La confession était dans l'esprit du petit catholique une manière de se purifier régulièrement dans le placard à péchés, en liaison directe avec Dieu : le curé du village connaissait l'évêque (des photos accrochées dans le couloir du presbytère en attestaient), l'évêque avait été reçu en personne par le pape (il y avait eu des photos dans la presse locale), et le pape à Rome était en liaison permanente avec Dieu le Père, qui dans Sa grande bonté en avait fait Son porte-parole sur terre, le successeur de saint Pierre, trop occupé au Ciel avec des questions de clés pour pouvoir gérer en plus tous les catholiques encore vivants ; car bien entendu, depuis le règne de l'Église, il y avait beaucoup plus de catholiques au Ciel que sur terre, malgré le pourcentage probablement non négligeable (les chiffres ne sont pas connus) de ceux qui croupissent à tout jamais en enfer.

L'envolée de ce notable de village contre le sacrement de la pénitence était d'autant plus scandaleuse aux oreilles du petit catholique que non seulement cet adulte-là l'avait jugé inutile, mais de surcroît qualifié de *krampf*, terme peu élogieux en dialecte, fort heureusement intraduisible en langue d'État ou d'Église.

Le petit catholique avait espéré en secret que, là-haut, ils ne comprendraient peut-être pas le sens exact du mot *krampf.* Il y avait dans ces villages catholiques une réelle solidarité des âmes. Le petit catholique espérait du fond de la sienne que tous les gens du village qui mourraient (ce qui en soi ne le dérangeait pas car, en tant que servant de messe de service aux enterrements, il était dispensé d'école) iraient droit au Ciel. Le village de son enfance était en effet un village où l'église était toujours bondée de pécheurs. Il était donc normal que tous ces paroissiens, certes pécheurs, mais pécheurs véniels tout au plus, aillent droit au Ciel, et décrochent immédiatement le pompon sans avoir à affronter les formalités ennuyeuses du purgatoire.

Mais, malheureusement, la suite des propos du notable n'avaient pas pu échapper à la vigilance divine. Non content de déclarer inutile un saint sacrement, non content de le qualifier du terme déjà cité, il alla jusqu'à dire que « chez les protestants, c'était bien mieux » ! Le petit catholique en fut tétanisé. On ne l'avait pas préparé à être ainsi directement témoin d'un péché assurément mortel. C'est tout juste s'il put percevoir dans un brouillard les explications du blasphémateur (probablement aviné, car comment aurait-il pu, dans un état normal, tenir de tels propos ?). Selon celui qui venait de commettre un péché ô combien capital, les protestants pratiquaient des sortes de confessions collectives : les fidèles sont rassemblés dans le temple, chacun pense très fort à tous ses péchés, se les reproche amèrement, le pasteur les bénit et les absout, et voilà : la poire est pelée, comme disait une expression très courante au village des pécheurs.

Le petit catholique, après cette incroyable révélation, se demandait sincèrement comment l'on pouvait être protestant.

4

Ces propos blasphématoires, tenus sans le moindre égard pour la pureté de sa foi, ébranlèrent profondément le petit catholique. Mais le pécheur capital, responsable du traumatisme de l'enfant, mérite également la compréhension.

Le petit catholique sentait bien qu'il y avait là une contradiction qui entachait gravement ce très saint sacrement. Celui-ci, institué par la grâce de Dieu, a pour but unique de purifier les cœurs, de laver les péchés. Mais, par son existence même, il en fait commettre de nouveaux.

Quand il ment en confessant des mensonges qu'il n'a jamais commis, alors qu'en réalité il ne mentait jamais en dehors du confessionnal, le petit catholique s'alourdit d'un péché supplémentaire dans le placard même où il est censé les déposer tous. L'édile municipal, en revendiquant haut et fort devant des enfants innocents sa sainte horreur du placard à péchés, en commet un bien plus grave encore.

Il faut savoir que cet édile municipal réglait le matin avec le curé du village des problèmes de gouttières ou de chauffage de l'église, et devait le soir confier au même curé tous les péchés qu'il avait commis au cours des dernières semaines !

Notre curé, confesseur unique du village des pécheurs, était assurément conscient des limites de l'institution divine. Il ne se contentait pas des péchés répétés maladroitement à chaque passage dans le placard : « Je ne me suis pas essuyé les chaussures par temps de pluie », « j'ai menti à mes parents », « j'ai commis le péché de gourmandise »... Le petit catholique fut confronté à maintes reprises à une attitude bien plus inquisitoriale du saint homme.

Il faut ouvrir ici une parenthèse sur un péché bien mystérieux pour les jeunes catholiques de ce temps : le péché d'impureté. « Tu ne commettras pas d'impuretés ! » Cette seule injonction était entourée d'un halo de mystère renforcé par le fait que personne ne comprenait le sens véritable du commandement, étant rappelé que la grande majorité des pécheurs ne parlaient pas le français.

Précisons toutefois que l'injonction était complétée par une sorte de mode d'emploi explicatif : « Tu ne commettras pas d'impuretés par pensée, parole ou action. » Les petits catholiques comprenaient tout au plus « pensée », « parole » et « action », mais cela ne leur était pas d'une grande utilité dans la mesure où personne ne leur avait expliqué le sens de « commettre une impureté ». La pureté et l'impureté devaient concerner le corps, un domaine qui n'était jamais abordé. C'était l'âme du catholique qu'il s'agissait de sauver, et non son corps.

Les petits catholiques avaient d'ailleurs l'habitude d'utiliser des mots dont le sens leur échappait totalement. À l'église, ils chantaient principalement en latin, sans comprendre un mot. Le passage progressif au français, décidé par le pape, se fit sans véritable difficulté : après avoir chanté dans une langue qu'ils ne comprenaient pas du tout, ils chantèrent en français, une langue qu'ils comprenaient à peine. Ainsi le « sang impur » de *La Marseillaise* devenait-il *sanguimpur*, sans que personne ne songe à établir un lien entre l'impureté du sang de l'hymne national et le péché d'impureté. On avait d'ailleurs coutume de réciter au catéchisme : « Tu ne commettras pas d'impuretés par-pensée-parole-ou-action ».

Mais régulièrement, de l'autre côté du croisillon, la question était chuchotée :

– Et tu n'as pas commis d'impuretés par pensée, parole ou action ?

– Non, monsieur le curé.

Bien sûr, après chaque dénégation, le petit catholique se demandait s'il n'avait pas menti une nouvelle fois, en niant un péché qu'il avait peut-être commis sans l'avoir identifié comme tel. Car, si à cette époque il n'avait pas compris ce que recouvrait le fait de commettre ou de ne pas commettre d'impuretés, il devinait que ce péché relevait d'une zone mystérieuse et secrète de la vie des adultes. Celle des affiches laissées par le cirque Pinder sur la baraque en bois dans laquelle les gens du village des pêcheurs attendaient le car Citroën qui les mènerait à la ville la plus proche.

Sur ces affiches, que le petit catholique regardait attentivement quand il était seul à attendre le car, on voyait une femme bien en chair, bottée de cuir, cuisses nues, monter des chevaux fougueux qui se cabraient en hennissant, ou encore une autre femme, en tenue léopard, laissant voir la naissance de ses seins, qui tenait en respect un lion en faisant claquer au-dessus de sa tête un immense fouet.

Le petit catholique, bien sûr, n'avait jamais parlé à personne de ces femmes si troublantes. À qui aurait-il pu en parler ? Et pour dire quoi, avec quels termes ? Il n'avait aucun mot à sa disposition pour décrire ce trouble si étrange qui l'envahissait sans prévenir. Il n'y avait donc pas impureté par parole, c'était l'évidence même.

Il ne semble pas non plus qu'il ait pu y avoir impureté par action, le petit catholique n'ayant jamais poussé l'audace jusqu'à toucher l'affiche, même du bout des doigts. Jusque-là, la cause était donc parfaitement entendue : il n'y avait ni impureté par parole ni impureté par action.

Restait la question du péché d'impureté par pensée, et là, comme on pouvait le prévoir, les choses se compliquaient.

Bien sûr, le petit catholique ne comprenait pas précisément le sens des interdits appris par cœur et recrachés au catéchisme. Mais il sentait confusément qu'à trop penser, avant de s'endormir, à la femme-léopard dompteuse de lions et à l'autre, l'écuyère aux cuisses dénudées, il s'approchait d'un univers dont il eût mieux valu se détourner.

Or il y avait dans cette attirance une telle force mystérieuse que le petit catholique en perdait toute capacité de résistance. Il savait pourtant que ses moindres faits et gestes étaient notés en haut lieu. Sinon comment notre Seigneur Tout-Puissant aurait-Il fait le tri au moment de ranger les âmes des morts dans l'une des trois colonnes : celle du Ciel, celle du purgatoire, celle de l'enfer ? Il savait donc, le Dieu Tout-Puissant qui régnait sur la terre et le Ciel. Et non seulement Il régnait sur la terre et le Ciel, mais de surcroît Il décidait qui, des vivants, le jour de leur mort, avait droit au bonheur éternel.

L'enfer, Il ne s'en occupait plus. L'enfer, c'était le domaine de Lucifer à qui le Seigneur abandonnait les âmes damnées. Être abandonné de Dieu : le plus grand malheur qui pût s'abattre sur un humain ! Mais Dieu pouvait aussi vous abandonner sur terre. Il y avait sur terre des zones désertées par Dieu. Dieu les connaissait, les mettait exprès sur la route des petits catholiques pour les soumettre à la tentation. Et Il surveillait d'en haut. Il notait. Il voyait tout. Forcément : Il était Tout-Puissant !

Sans doute notait-Il quelque part dans un carnet que le petit catholique, le soir, au lit, au lieu de prier, ou après avoir prié – ou pire encore : pendant la prière –, pensait aux femmes des affiches du cirque Pinder.

5

Le curé du village où vivait le petit catholique était un très saint homme. Son modèle absolu était le saint curé d'Ars, curé de campagne dont l'ascétique sainteté frappait immédiatement tous ceux qui le rencontraient. Il ne fait aucun doute qu'au Ciel ils sont tous deux sur un petit nuage pour l'éternité, et que l'arrivée là-haut du curé du village des pécheurs n'est pas passée inaperçue, tant ce modeste desservant de campagne s'est donné corps et âme pour que les pécheurs que Dieu lui avait confiés soient tous, au soir de leur vie, accueillis sans difficulté administrative dans la maison de Dieu, si possible sans probation préalable au purgatoire, car il y a toujours quelque chose d'humiliant à devoir purger des péchés, fussent-ils véniels.

Mais un saint homme, bien que saint, n'en est pas moins homme. Et comme il détenait dans le village l'exclusivité de la parole divine, il y avait au fil des années liturgiques – mais c'est bien humain – un risque de répétition dans les sermons. Ainsi par exemple, au début des derniers étés sans télévision, que les jeunes pécheurs passaient rivés aux transistors pour ne rien perdre de la lutte terrible entre Jacques Anquetil et Raymond Poulidor, l'image du Tour de France revenait chaque année du haut de la chaire : « Regardez les coureurs du Tour de France. Ils veulent tous arriver les premiers. Ils veulent tous atteindre Paris avec le maillot jaune. Eh bien, nous aussi. Notre objectif doit être d'arriver les premiers au Ciel. Avec le maillot jaune. »

Le petit catholique s'était accommodé de ce caractère répétitif des prêches, car pendant le sermon il feuilletait son missel, dans lequel il avait rassemblé ses images saintes préférées : Jeanne d'Arc bravant les Anglais, sainte Blandine en train d'être dévorée par un lion, martyrs chinois se faisant brûler vifs en chantant des louanges à Dieu.

(Voilà encore un péché que le petit catholique omettait de confesser : « Je n'ai pas écouté les sermons, parce que pendant les sermons j'ai regardé les images saintes dans mon missel... »)

En revanche, les parents du petit catholique ne dissimulaient pas leur lassitude d'entendre de semaine en semaine, d'année en année, les mêmes sermons. Aussi leur arrivait-il de se rendre certains dimanches matin en Peugeot 203 à l'un des nombreux pèlerinages de la contrée, où ils buvaient littéralement les paroles de vrais prédicateurs. De ceux qui s'adressent directement à la profondeur de l'être catholique.

Après la messe, le petit catholique était très heureux de manger une cuisse de poulet avec des frites et une limonade, servies par des chères sœurs du pèlerinage.

Ses parents aussi étaient très apaisés. Ça leur avait fait grand bien, confessaient-ils à contrecœur, d'entendre autre chose comme prêche que celui du brave curé du village des pécheurs et, il faut dire ce qui est, avouaient-ils, « ces capucins savent parler au cœur des catholiques, à l'endroit précis des vibrations de leurs âmes ».

Très tôt, il est arrivé au petit catholique de douter parfois du pouvoir suprême de son curé, pouvoir pourtant transmis par l'évêque, qui le détenait lui-même du pape, qui lui-même était le successeur de saint Pierre, puisque « tu es Pierre, et sur cette pierre », etc. Non pas que ses sermons, qu'il n'écoutait pas, lui aient semblé répétitifs, non pas que les confessions aient été pénibles à vivre : le Christ n'était-il pas mort pour lui dans des conditions atroces ? Alors de quoi le petit catholique pouvait-il se plaindre ? Ses petites souffrances terrestres n'étaient-elles pas dérisoires face à ce sacrifice du Fils de Dieu pour tous les pécheurs de la terre ?

Si le petit catholique s'est mis à douter du pouvoir absolu du curé du village des pécheurs, ce n'est pas parce qu'il a rencontré des antéchrists virulents, des francs-maçons ou autres communistes. Bien au contraire, ce fut sa rencontre avec d'autres curés – des curés catholiques apostoliques et romains, parfaitement conformes – qui commença à semer les premiers troubles dans son esprit.

6

Au cours d'un été, alors que le petit catholique était encore bien jeune, une troupe de scouts s'installa pendant deux semaines à proximité du village des pécheurs. Ils venaient de la banlieue parisienne et parlaient un français très proche de la langue des livres que les petits catholiques du village empruntaient à la bibliothèque de l'école. Le petit catholique eut un choc lorsqu'il les vit pour la première fois. Ils semblaient sortir tout droit de la collection « Signes de Piste » qui publiait des ouvrages palpitants d'odyssées de scoutisme.

Ces scouts avaient immédiatement construit un autel, au-dessus duquel se dressait une immense croix. Tous les soirs, ils se rassemblaient autour d'un feu de camp et chantaient des chansons où il n'était question ni de Dieu, ni de la Très Sainte Marie, Mère de Dieu toujours vierge, ni de Jésus, le Fils de Dieu. Ils chantaient par exemple :

Ne m'oubliez pas, petits chemins de mousse,
Ne m'oubliez pas, fleurs bleues du petit bois...

Rien que des chansons de ce genre.

Les enfants du village, les fils des pécheurs en somme, se tenaient là, à quelque distance du feu de camp, intimidés par cette bouffée d'air inconnu.

Ce qui à vrai dire les frappait le plus, c'est que celui qui accompagnait les jeunes scouts à la guitare était un curé ! C'était « l'aumônier » des scouts, comme ils disaient. Il ne portait pas de soutane. Les scouts l'appelaient par son prénom, Gérard, et le tutoyaient ! Alors que les enfants du village, quand ils ne pouvaient pas éviter de croiser leur curé, qu'ils reconnaissaient de loin à sa soutane, dans l'une des trois rues du village, étaient contraints à un échange de salutations très ritualisé :

– Loué soit Jésus-Christ, monsieur le curé !

– À jamais !

Quand ils croisaient les chères sœurs qui se rendaient quotidiennement à l'église du village des pécheurs, en fin d'après-midi, l'échange était le suivant :

– Loué soit Jésus-Christ, mes sœurs !

– À jamais !

C'est donc peu de dire que les fils de pécheurs étaient impressionnés par ces scouts et leur curé Gérard, qu'ils appelaient même Gégé, sans soutane, qui accompagnait à la guitare des chansons qui ne parlaient même pas des souffrances du Fils de Dieu sur la Croix ou d'autres choses d'importance comparable. Les fils des pécheurs découvraient là un monde inconnu qui les bouleversait d'autant plus qu'il avait la prétention de faire partie intégrante de celui de l'Église de Rome, celle du pape. Leur Église, en somme...

Gégé avait bien senti leur fascination intimidée. Jour après jour il les apprivoisa, insistant pour que eux aussi l'appellent Gégé. Il leur expliqua qu'il trouvait leur contrée très belle, que c'était une terre de foi, autre chose que dans la ville d'où ils venaient, près de Paris, où il y avait beaucoup d'ouvriers communistes qui n'allaient pas à la messe le dimanche et qui disaient carrément que Dieu n'existait pas.

Le petit catholique pouvait à la limite imaginer que, dans une grande ville, tout le monde n'aille pas à la messe le dimanche. Dans le village des pêcheurs, tout le monde y allait bien sûr, parce que ça se serait vu immédiatement; dans une ville, à part Dieu, qui surveillait tous les catholiques pour faire la liste de leurs péchés, personne ne pouvait savoir. Mais ce qu'il découvrit alors avec effroi, c'était qu'il existait des gens qui niaient ouvertement l'existence de Dieu. Il se refusa d'abord à l'admettre. Mais Gégé, qui était curé et donc ne mentait pas, révéla aux fils des pêcheurs, qui n'en croyaient pas leurs oreilles, que le maire de leur ville était un communiste, qui n'allait jamais à la messe!

– Même pas à Pâques, Gégé? demanda l'un d'eux, effrayé.

– Bien sûr que non, mon petit, répliqua Gégé en lui donnant une sorte de caresse insistante dans le dos. Puisqu'il considère que Dieu est une invention des hommes, pourquoi veux-tu qu'il fête la résurrection de la chair avec nous?

Le petit catholique avait alors senti une immense admiration mêlée de pitié l'envahir. Gégé et ses jeunes scouts croisaient quotidiennement des incroyants, des suppôts de Satan ! Il lui apparut alors très concrètement que l'enfer, ce n'était pas seulement le lieu de perdition où finissent ceux que Dieu invite à se ranger dans la troisième colonne, mais qu'il y avait sur terre des parties d'enfer, où Satan envoyait des suppôts comme notre Seigneur nous envoyait des saintes et des saints.

La terre était donc un énorme champ de bataille entre le bien et le mal, et le petit catholique avait eu le bonheur immense de naître dans ce village des pécheurs où tout le monde allait à la messe le dimanche.

Il admirait énormément Gérard, et le calme avec lequel il expliquait tout cela. Et quand Gégé rappela aux petits pécheurs que le message du Christ, c'était d'aimer tout le monde, même ses ennemis, même les communistes, le petit catholique sentit bien qu'il y avait là de la grandeur, une grandeur qui ne pouvait s'expliquer que par le mystère de la foi. Le petit catholique eut du mal à contenir ses larmes quand Gégé lui confia que, tous les jours à la messe, il recommandait son maire communiste à Dieu.

Les parents ne voyaient aucun inconvénient à ce que leurs enfants passent leurs soirées autour du feu de camp avec un curé. Ils les encourageaient même à s'y rendre, estimant que le séjour à proximité du village des pécheurs d'une troupe de scouts ne pouvait que leur être profitable. Il y avait là une occasion rêvée pour les fils des pécheurs de pratiquer la langue française, tout en baignant dans une ambiance très catholique.

Il s'opéra donc au cours de ces deux semaines un rapprochement progressif entre les enfants du village des pêcheurs et ces scouts de la banlieue parisienne. Gégé était d'une incroyable gentillesse, autorisant les jeunes du village à assister à ses messes, leur faisant découvrir chaque soir des chants nouveaux. Il y en avait un que le petit catholique aimait spécialement. Il l'avait déjà entendu plusieurs fois à la radio par un chanteur dont il avait noté le nom, tellement il l'avait aimé: « Hugues Au Frais ».

Hisse et ho, hisse et ho, Santiano,
Si Dieu veut toujours droit devant...

Pourtant, en voyant s'éloigner dans un nuage de poussière le car qui ramenait les scouts chez eux après leur séjour de deux semaines en bordure du village des pêcheurs, le petit catholique éprouva un immense soulagement.

Il ne s'était pas rendu compte tout de suite à quel point Gégé, de jour en jour, s'était rapproché de lui. Il n'avait pas réalisé, tellement ses discours le passionnaient, qu'en parlant des athées, des communistes, des antéchrists, il appuyait ses propos par des gestes placés à des endroits toujours plus inattendus. Le soir, Gégé tenait absolument à ce que le petit catholique soit à ses côtés au moment du feu de camp.

À la fin du séjour des scouts à l'orée du village des pêcheurs, le petit catholique sentait monter en lui un grand malaise dont il ne savait que faire. Voilà pourquoi, lorsque la joyeuse équipe leva le camp après avoir démonté l'autel et le crucifix qui le surplombait, il éprouva un immense soulagement.

Le petit catholique, face à ce trouble, ne pouvait que refouler ses sensations tout au fond du placard de rangement de sa mémoire. Il découvrit pour la première fois la solitude, la vraie, celle qui ne peut se communiquer à personne, parce qu'autour de vous personne ne peut ou ne veut entendre votre cri.

Parler de cela dans le placard à péchés ? Mais de quelle manière ? Le petit catholique était sûrement coupable, puisque nous sommes tous pécheurs, par définition. Et Gérard, ce curé si admirable qui priait tous les jours pour ses ennemis communistes, il n'avait pas pu pécher, lui, puisqu'il était prêtre.

Quant à la famille catholique, pour qui le corps servait à travailler et à se laver tous les samedis soir, le seul fait d'envisager de lui confier ce malaise relevait d'un projet absolument insensé.

7

Un des plus beaux jours de la vie du petit catholique aura été le jour où son père prit livraison de sa Peugeot 203 neuve. Il ne pouvait pas dire officiellement que ce jour était le plus beau de sa vie, car le plus beau jour de la vie d'un jeune catholique est toujours celui de sa communion, pas la petite communion bien sûr, mais la grande, la solennelle, celle où il jure fidélité au Christ (pour lui, le 21 avril 1963). Mais quand même, le jour où son père est revenu au village avec la 203 noire restera à tout jamais l'un des plus beaux de sa vie. Tant pis pour la communion...

En descendant la rue principale du village, il vit d'abord de loin un attroupement devant la maison familiale. Il se mit à courir en réalisant qu'au milieu de l'attroupement il y avait la 203 noire. Celle, toute neuve, de ses parents. Encore plus belle que sur les réclames. Elle donnait l'impression d'avoir été gratifiée le matin même du dernier coup de pinceau.

Jamais il n'oublierait le numéro qui se détachait de la plaque et qui allait désormais accompagner la famille: 856 CY 68. Au milieu du capot se dressait encore, comme sur toutes les Peugeot de l'époque, un lion agressif, gueule ouverte, qu'il fallut retirer quelques années plus tard, ses crocs ayant été jugés trop dangereux pour les piétons qui avaient la mauvaise idée de se faire renverser par une voiture de cette marque.

Son père était allé la chercher directement à l'usine Peugeot de Sochaux, ce qui lui avait probablement permis de faire l'économie des frais de livraison. Le petit catholique avait imaginé qu'on lui avait envoyé un télégramme lapidaire et sans appel: « 203 noire terminée stop. Prendre livraison sous huitaine stop. Signé monsieur Peugeot stop. »

La ville de Sochaux n'est pas très éloignée du village des pécheurs, mais il fallait quand même prendre la micheline, puis le train à vapeur, trouver l'usine et se faire expliquer le passage des vitesses. Pour la première, tirer vers soi le levier de vitesse fixé à la colonne de direction et le baisser; pour la seconde, revenir au point mort et le lever; pour passer de seconde en troisième, c'est facile: il suffit de descendre tout droit. Et pour la quatrième, on pousse le levier vers l'avant et on le lève. Reste la marche arrière: on tire vers soi et on lève. Ça a l'air simple comme ça, mais ça a quand même pris du temps. Parce qu'il y avait encore d'autres choses à expliquer.

Le chauffage, par exemple, actionné par un tout petit bouton rouge, à droite du tableau de bord en fer-blanc, était excellent dans cette voiture; il est même arrivé à la mère du petit catholique d'avoir trop chaud! Les essuie-glaces, actionnés par un moteur électrique, étaient sécurisés par un système de secours mécanique : il y avait une petite manivelle dans la boîte à gants pour le cas où le moteur des essuie-glaces tomberait en panne.

Le petit catholique imaginait que, bien sûr, son père était le seul client de monsieur Peugeot à chercher sa voiture ce jour-là à l'usine. Il y avait dans le village deux voitures en ce temps-là ; de vieilles guimbardes d'avant-guerre qui, à côté de la 203 noire, n'avaient de voiture que le nom. Il était donc persuadé qu'au moment de la remise des clés de la voiture à son père, tous les ouvriers étaient sortis de leurs ateliers et qu'on pouvait lire dans leurs regards embués par l'émotion : « Il en a de la chance, celui-là ; c'en est une bonne, celle que monsieur Peugeot lui a réservée... »

Juste avant cette scène déchirante, il y avait eu la remise officielle des clés par monsieur Peugeot, un des fils de la famille, qui avait bien sûr excusé son père et son grand-père, tous deux bêtement cloués au lit par une grippe.

Mais la 203 avait indiscutablement un problème au niveau du coffre : du fait de la forme arrondie à l'arrière de la voiture, son volume était inférieur à celui des marques concurrentes. Peugeot proposait dans ses dépliants publicitaires, en option bien sûr, des valises adaptées au centimètre près à la forme du coffre. Ces valises semblaient gigantesques par rapport à l'espace restreint du coffre. Mais elles étaient bien trop onéreuses.

La mère du petit catholique revint régulièrement à cette réalité indiscutable, durant les dix-huit ans que la famille partagea avec cette 203. Ses observations – justifiées, il faut bien le reconnaître avec le recul du temps – énervaient d'autant plus le père qu'elle ajoutait chaque fois que A. Sch., l'un de ses collègues, avait choisi la Simca Aronde, lui. Et que la Simca Aronde avait un coffre plus volumineux, ce que personne ne contestait.

Ledit collègue A. Sch. avait d'ailleurs coutume de lancer à la figure du père, sans le moindre ménagement pour sa sensibilité (comme si les réflexions récurrentes de la mère sur le coffre n'avaient pas suffi), que la Simca Aronde était bien plus nerveuse que la Peugeot 203. Ce terme ne s'emploie plus dans ce sens. Aujourd'hui, on dirait par exemple que la 203 est un veau à côté de la Simca Aronde. Mais à l'époque on disait que la Simca Aronde était plus nerveuse. Malheureusement, là encore, c'était bien vrai. La Simca était plus nerveuse que la Peugeot.

La position du père était difficile à tenir, entre une femme qui critiquait l'exiguïté du coffre de sa voiture et un collègue qui le narguait sur des questions de nervosité. Il mettait bien sûr en avant ce que colportait la rumeur publique, à savoir que « Peugeot, c'est plus costaud ». Mais quand votre coffre est étriqué et la voiture du collègue plus nerveuse que la vôtre, vous êtes indéniablement dans une position délicate.

« Tu aimeras ton père et ta mère. » C'était un très saint commandement. Le petit catholique aimait donc, évidemment, son père et sa mère, l'un autant que l'autre. Il répugnait à prendre position dans les discussions entre eux. Et les histoires de Simca et de Peugeot n'étaient prévues ni par l'Ancien Testament, ni par le Nouveau, ni par aucune bulle papale.

8

De nombreux protestants de la contrée roulaient en Peugeot car, chacun le savait, la famille Peugeot est une famille protestante. C'était une raison supplémentaire pour inscrire la nouvelle voiture dans l'univers catholique et romain, inscription qui, dans la famille du petit catholique, se réalisa en trois étapes.

Première étape : fixation à l'avant du tableau de bord, près du bouton rouge du chauffage, d'un saint Christophe, surmonté d'une inscription latine : *Ora pro nobis*, « priez pour nous ». Pour ceux qui l'ignoreraient, saint Christophe est le protecteur des voyageurs. Il est donc vivement conseillé de se recommander à lui avant de prendre la route.

Le petit catholique songeait souvent aux juifs, protestants et autres infidèles qui s'engageaient sur des routes sans se mettre sous la protection d'un saint spécialement affecté aux voyages. Ils n'étaient pas obligés de choisir forcément saint Christophe, ils auraient très bien pu choisir l'un de leurs saints.

Le petit catholique se demandait d'ailleurs comment ils pouvaient parcourir tous ces kilomètres sans être victimes de véritables hécatombes routières.

La famille du petit catholique s'étant mise immédiatement sous la protection du saint patron des voyageurs, elle n'eut jamais, durant ses dix-huit années de vie commune avec sa 203 Peugeot, le moindre accident de la circulation.

Le seul accident survenu à cette voiture fut à imputer au petit catholique devenu grand. Alors qu'il commençait à s'interroger sur l'existence ou la non-existence de Dieu, il versa dans un fossé à l'entrée du village des pêcheurs, quelques jours après l'obtention de son permis de conduire.

Mais il arrivait, hélas ! que saint Christophe ne remplît pas son rôle d'ange gardien des voyageurs catholiques. Il faut dire que la fabrication de voitures augmentait d'année en année et que les catholiques se déplaçaient de plus en plus sur les routes. Saint Christophe devait donc rencontrer quelque difficulté à les surveiller tous, principalement aux heures de grande circulation en France, grande nation catholique. D'où une courbe croissante, parallèle à celle de la production de voitures, du nombre des innocentes victimes catholiques sur les routes.

Cette situation nouvelle a sûrement gâché les siestes de plus d'un docteur en droit canon : comment garantir au catholique ensanglanté, étendu au bord de la route, sentant la mort venir, qu'il pourrait encore confesser ses ultimes péchés, et s'endormir en paix après avoir recueilli le dernier des sacrements, l'extrême-onction ? Une confession à un prêtre et l'extrême-onction sont la garantie de monter droit au Ciel sans devoir se confronter aux interminables formalités du purgatoire.

C'est ainsi que l'on se mit à coller, sur les lunettes arrière des voitures des catholiques, une croix blanche sur fond bleu. C'était le code connu de tous : en cas d'accident grave, prière d'appeler un prêtre de toute urgence.

Parfois, le petit catholique imaginait des situations pathétiques entre médecins urgentistes et prêtres appelés sur les lieux d'un accident. Il se représentait des personnages identiques à ceux des bandes dessinées de *Cœurs vaillants*, son magazine préféré.

– Monsieur le curé, il faut sans plus attendre le mener à l'hôpital. Il a déjà perdu beaucoup de sang. Il faut transfuser de toute urgence !

– Cher docteur, je conçois que le salut de l'âme n'ait pas grande importance pour vous. Mais avez-vous vu l'autocollant bien en évidence à l'arrière de la voiture ?

À ce moment précis, on entendait un râle déchirant de l'accidenté catholique. Le médecin, se précipitant sur le blessé, collait alors longuement son oreille sur la poitrine du malheureux avant de donner le diagnostic final.

– Trop tard !

C'est alors que le prêtre, à défaut de pouvoir confesser le mourant, s'agenouillait aux côtés du mort, dessinait avec son pouce une croix invisible sur son front, et toujours à genoux, recommandait chaleureusement l'automobiliste au Seigneur Tout-Puissant.

Les parents du petit catholique apposèrent immédiatement la croix autocollante sur la lunette arrière de la 203. Le petit catholique n'ignorait pas que des secteurs entiers de la contrée avaient succombé aux sirènes luthériennes et calvinistes. Quel pouvait bien être le sort d'un catholique égaré en ces terres hostiles, victime d'un accident de la route alors que le prêtre le plus proche se trouvait à des dizaines de kilomètres et qu'il fallait compter sur des protestants pour aller le quérir, souvent en pleine nuit, avec du verglas ?

Le dernier rite d'inscription de la 203 dans l'univers catholique fut celui qui toucha le plus le petit catholique par sa grande dignité, sa simplicité. Il s'agissait de la bénédiction de la voiture par le curé du village, sans laquelle la voiture ne serait pas sortie du garage.

Le curé, arrivé en voisin de la famille, à pied bien sûr, était revêtu d'un simple surplis blanc par-dessus sa soutane. Dans sa main gauche, il tenait un livre saint et, dans sa main droite, un récipient en cuivre contenant de l'eau bénite et un goupillon.

Le père du petit catholique sortit la voiture en marche arrière. Le curé constata avec satisfaction que saint Christophe était fixé sur le tableau de bord et que la croix blanche sur fond bleu était déjà collée à l'arrière.

Puis le curé se plongea dans son livre saint et lut une prière très longue en latin, pendant que la famille admirait la perfection de la carrosserie, la délicatesse des enjoliveurs, la noblesse du lion trônant sur le capot. Chacun était impatient de prendre place sur les sièges en drap gris pâle, que l'on ne tarderait pas à protéger par des couvertures écossaises, et de respirer l'odeur inconnue du neuf, mélange de crin de cheval, de peinture fraîche et de plastique.

La prière terminée, le curé aspergea la voiture d'eau bénite.

Ce fut la mère du petit catholique qui mit un terme à la cérémonie en s'adressant à son mari :

– Rentre-la, elle va prendre la poussière !

Désormais, la 203 avait sa place dans l'univers religieux de la famille. Désormais, la famille du petit catholique pourrait s'évader dans la contrée en toute sérénité et faire la découverte de ses nombreux lieux de pèlerinage.

9

Le petit catholique aimait Jésus par-dessus tout.

Pas tellement le Jésus adulte, mort sur la Croix pour le sauver, lui et les autres pécheurs du village.

Celui qu'il préférait, c'était le petit Jésus, le doux Jésus : l'enfant Jésus. Celui de sainte Thérèse de l'Enfant-Jésus, Celui qui était né dans une étable entouré d'une très gentille maman, d'un papa sévère mais bon et d'animaux très doux qui dégageaient juste la bonne chaleur.

Au-dessus de cette étable, dans un ciel plein d'étoiles, une nuée d'anges à trompettes saluaient le doux avènement du petit Jésus, que d'ailleurs les Rois mages avaient annoncé du haut de leurs chameaux.

Bien sûr, le petit Jésus avait vécu il y avait fort longtemps. Le petit catholique ne pouvait pas le dire avec précision, mais il savait que cela s'était passé à une époque fort éloignée, où les papas et les mamans ne se déplaçaient pas encore en Peugeot 203, mais en âne. Les mamans, à cette époque-là, étaient toujours assises sur l'âne avec, dans leurs bras, le petit enfant qui ne pleurait jamais. Les papas, eux, marchaient d'un pas régulier à côté des ânes qu'ils tenaient par la bride.

La preuve que le petit Jésus avait vécu il y avait fort longtemps, c'était que l'histoire des hommes avait véritablement commencé à ce moment-là.

Un jour, sa maman décida d'acheter au petit catholique des sandales en cuir rouge dans un magasin de la ville la plus proche. Il avait été très impressionné par ce magasin, dix fois plus grand que l'épicerie du village des pêcheurs. Les vendeuses s'exprimaient en un dialecte bien plus distingué que celui du village. Elles s'asseyaient en face du petit catholique et de sa maman sur de petits tabourets faits exprès pour elles. Elles avaient des lèvres très rouges et disaient toujours : « Celles-là sont de très bonne qualité ! »

Mais le petit catholique n'en voulait pas, de ces sandales en cuir rouge.

– Pourquoi tu n'en veux pas ?

– Parce que.

– Arrête de pleurer comme ça. Toutes les dames te regardent.

– Je n'en veux pas, de ces sandales rouges. Je n'en veux pas.

– Tu es très vilain quand tu pleures. Très, très vilain. Et, en plus, toutes les dames te regardent.

– Je ne veux pas de sandales !

– Mais pourquoi tu n'en veux pas ?

– C'est trop vieux. Des sandales comme celles-là, on en mettait du temps de Jésus !

Le petit catholique, en effet, aimait à regarder longtemps les images de la vie de Jésus. Quand

Jésus faisait un miracle, en multipliant par exemple les poissons, il y avait tellement de poissons à la fin du miracle que tout le village des pécheurs aurait pu en manger deux fois par jour pendant une semaine.

Ou alors, quand Jésus marchait sur un lac, l'eau était tellement bleue et les montagnes au loin tellement belles qu'on avait l'impression qu'elles avaient été inventées exprès.

Mais, dans tous ces livres sur la vie de Jésus, deux choses retenaient particulièrement son attention.

D'abord, les palmiers que l'on voyait sur tous les dessins. Ils ne ressemblaient à aucun des arbres qui entouraient le village des pécheurs ou que le petit catholique aimait à escalader dans les forêts alentour. Il se demandait comment le petit Jésus et Ses copains faisaient pour escalader ces palmiers qui n'avaient pas de branches. Chaque année, au *Palmsonntag*, le dimanche des Rameaux, il regrettait que les pécheurs du village n'eussent pas de vraies branches de palmiers, comme celles que l'on voyait sur les images des livres saints, mais de vulgaires branches de houx aux feuilles piquantes que les bûcherons rapportaient au village, parce que c'étaient les seuls arbres de la contrée à avoir des feuilles vertes en cette période de l'année.

L'autre détail qui frappait l'imagination du petit catholique, c'était que tous les personnages étaient soit nu-pieds, soit en sandales. Jésus et Ses apôtres portaient toujours des sandales. Sauf, bien sûr, quand on a obligé Jésus à porter Sa croix, mais là il ne fallait pas s'en étonner. C'était fait exprès. Parce qu'on voulait Le faire souffrir le plus possible à ce moment-là. Ça se voyait bien sur les visages des gens qui L'entouraient.

Le petit catholique avait également compris qu'au pays du petit Jésus il faisait bien plus chaud que dans la contrée, car jamais Jésus, et Ses apôtres n'avaient de chaussettes dans leurs sandales.

Soudain, dans le magasin de chaussures, les dames qui l'avaient regardé pendant qu'il pleurait éclatèrent de rire. Le petit catholique détesta très fort leurs lèvres rouges et leur manière artificielle de s'exprimer. Il faut dire qu'elles étaient parfaitement ridicules, assises les jambes serrées sur leurs petits tabourets.

10

On appelait ça les *Banprozessione*, les processions du ban, qui faisaient le tour du ban communal. Traduction en français d'Église: les rogations, du latin *rogare*, « demander ». Elles avaient été instituées par saint Mamert, évêque de Vienne (en France), à la suite de calamités qui avaient ravagé le Dauphiné. Il s'agissait de demander à Dieu, qui avait la maîtrise de la pluie et du soleil, de les alterner harmonieusement pour le bien des cultures en pleine germination.

Ces *Banprozessione* se déroulaient de très bonne heure, le soleil à peine levé, les trois jours précédant l'Ascension. Chaque jour, une procession prenait une direction différente du ban communal ; on chantait des chants liturgiques conçus pour attirer la bénédiction de Dieu sur les fruits et légumes de la terre. Tout le village chantait à tue-tête en pleine nature, sous le regard ébahi des oiseaux, qui devaient se demander quel était le sens de cette concurrence matinale inattendue.

Chaque catholique savait que les prières de base

étaient le *Notre Père* et le *Je vous salue Marie, pleine de grâce*, mais qu'on pouvait aussi s'adresser librement à Dieu, Lui confier ses peines et ses espoirs, Lui parler en toute simplicité. Que bien sûr Il était Tout-Puissant, qu'il fallait craindre Sa loi, mais que rien n'empêchait de Lui adresser directement ses demandes les plus intimes.

On pouvait par exemple Lui confier directement :

– Seigneur, faites que le vélo que mon parrain m'offrira pour ma communion ait un guidon de course, et non un guidon droit.

En ce temps-là, les pères terrestres rabrouaient facilement leurs fils. Il eût été difficile de leur destiner une telle prière. En revanche, on pouvait très facilement la confier au Père céleste.

Ainsi les prières intimes que les paysans catholiques de la planète adressaient à Dieu pendant ces trois processions successives devaient-elles varier selon les cultures agricoles sur lesquelles on demandait à Dieu de veiller. Un paysan catholique du Guatemala cultivant du café adressait à Dieu une prière intime bien différente, sur un plan strictement agronomique, de celle d'un viticulteur du village des pécheurs. Tout le monde peut comprendre cela, même Dieu, dans Sa grande mansuétude.

Sur les trois ou quatre kilomètres de la procession, certains palabraient. D'autres s'adressaient sincèrement à Dieu :

– Seigneur, veille à ce que les vignes ne fleurissent pas trop tôt, ce n'est pas la peine. Et surtout, surtout, une fois qu'elles sont en fleur, ne nous envoie pas un coup de froid qui nous les gèle complètement, comme en 1956 où tout le village est parti travailler à la filature parce qu'il n'y avait rien à récolter, tout avait gelé en pleine floraison. Seigneur, je ne Te fais aucun reproche, cette année-là Tu as dû nous oublier, ça peut arriver à tout le monde, mais pour nous c'était très dur. Ensuite, protège-nous, dans Ta grande bonté, du phylloxéra. Je sais bien que cette maladie de la vigne frappe plutôt dans le Midi, où les viticulteurs sont des radicaux qui ne vénèrent pas Ton Saint Nom. Mais quand même, c'est normal qu'en tant que viticulteur je T'en parle. Ce serait trop dur qu'on soit obligé d'arracher toutes nos vignes, Tu Te rends compte, les vignes du Seigneur, les Tiennes, ô mon Dieu. Après la floraison, Tu peux libérer le soleil sans état d'âme. Rien de tel pour faire grimper les degrés *oechslé*, c'est-à-dire le degré alcoolique, pour le cas où Tu ne comprendrais pas ce mot. Il faut bien sûr un peu de pluie, mais si possible pas trop les dernières semaines avant les vendanges. Tu le sais bien, il y a toujours un risque de pourriture des grains.

Mais peut-être avaient-ils alors le sentiment d'abuser de la bonté divine par des demandes excessives, et ils ajoutaient, pour légitimer leurs prières :

– Pour tout cela, je Te rends grâce, ô mon Dieu, en Te rappelant que sans vin il n'y a pas de vin de messe et que je donne chaque année plusieurs seaux de vin nouveau aux capucins qui passent faire la quête de vin après les vendanges. Ils disent que c'est pour leur vin de messe. Je trouve que ça fait beaucoup pour une année, mais je ne veux pas m'en mêler. Ce sont de saints hommes, mais ce sont quand même des hommes, après tout. Amen.

En tête du cortège, plusieurs servants de messe se resserraient autour de leur *Massdianerchef*, le chef des servants de messe ; l'Église catholique aime la hiérarchie jusqu'aux échelons les plus modestes. Durant les rogations, le *Massdianerchef* portait un étendard représentant saint Georges, le patron de la paroisse, en train de terrasser un serpent dont on voyait bien que les minutes qui lui restaient à vivre étaient comptées. Les servants de messe se chamaillaient entre eux, chacun voulant encenser la nature au moyen de l'encensoir qu'ils étaient libres ces jours-là de bourrer de combustible. (À l'intérieur de l'église, on les contraignait d'habitude à réduire les émissions d'encens pour limiter les évanouissements des paroissiennes qui se rendaient à jeun à l'église, condition nécessaire en ce temps-là pour pouvoir communier.)

Le curé, revêtu pour l'occasion d'une chasuble magnifique, était suivi de la chorale, exclusivement masculine. Ces hommes chantaient durant toute la procession, même quand le chemin se faisait raide au lieu-dit *Voejelsgsang*, « le Chant des oiseaux ». Tous les oiseaux de la forêt se taisaient sur leur passage. Peut-être se demandaient-ils pourquoi Dieu tolérait que des hommes, créatures divines par excellence, puissent chanter faux à ce point-là.

La *Banprozession*, à laquelle participait tout le village, s'effilochait alors sur une longue distance. Derrière la chorale, les enfants ; puis les hommes, suivis des femmes ; et tout à l'arrière, égrenant leurs chapelets, les vieillards. Ils s'accrochaient à la procession tels des coureurs cyclistes sur le point d'être lâchés par le peloton.

11

Un événement particulier survenu au cours de l'une de ces rogations, la première des trois, celle qui traversait le lieu-dit *Voejelsgsang*, s'est imprimé avec une grande précision dans la mémoire du petit catholique.

La procession traversait justement le *Voejelsgsang*. À l'avant du cortège, les servants de messe – parmi lesquels le petit catholique – chantaient à tue-tête, suivis de près par le curé absorbé dans son livre de prières.

Soudain, ils eurent le sentiment que derrière eux se jouait une scène hors du commun. Les hommes ne chantaient plus. À la place de leurs voix graves et éraillées, on entendait comme une clameur sourde, des exclamations étouffées, des bruits de pas parmi les feuilles mortes, des craquements de branches sèches.

Les servants de messe se retournèrent précipitamment. L'étendard porté par leur chef, sur lequel saint Georges, patron du village des pécheurs, terrassait le diable, s'entremêla dans la branche d'un châtaignier. Le curé s'était retourné lui aussi. Il se tenait immobile, comme hypnotisé par la scène qui se déroulait à l'arrière : l'ensemble de la procession avait quitté le chemin que les pécheurs et leurs ancêtres empruntaient depuis des siècles à la première rogation, pour se disperser sur le talus en surplomb du chemin.

Les cris, les exclamations étaient de moins en moins étouffés. Le sacré s'était volatilisé du cortège en quelques instants. Les vieillards, qui eux aussi avaient deviné qu'à l'avant du cortège se jouait quelque chose d'exceptionnel, avaient accéléré l'allure. On les voyait déjà au loin escalader le talus en s'appuyant sur leurs cannes. Les servants de messe, après avoir libéré saint Georges et Lucifer des branches du châtaignier, suivirent leur curé pour découvrir avec lui l'origine de cet incroyable désordre : le talus était littéralement tapissé de petites éponges beiges. La rosée matinale qui les recouvrait encore donnait l'impression qu'elles venaient d'être posées là, comme par magie.

Les morilles remplissaient déjà les poches des hommes, les fichus des femmes, et on continuait à en découvrir sous les haies, les entassements de branches desséchées que l'on dégageait en poussant des cris voisins de l'extase amoureuse.

Les années suivantes, à chaque première rogation, lorsque la procession abordait le *Voejelsgsang* à l'endroit où le talus surplombe le chemin, on sentait un frémissement singulier traverser la *Banprozession*. On priait, on chantait comme si de rien n'était, mais tout le monde tournait la tête du côté où le miracle s'était produit. Même le curé quittait un instant son livre de prières pour jeter furtivement un œil vers le talus, car il avait un intérêt bien compréhensible à voir des miracles se produire dans sa paroisse.

Par la suite, pendant des années, un membre de la famille du petit catholique était délégué sur place durant la période des *Banprozessione* avec l'espoir que peut-être le champignon magique s'y répandrait de nouveau. Mais les seules rencontres qu'on pouvait y faire ces matins-là de bonne heure, c'étaient d'autres pécheurs venus là pour les mêmes raisons à peine avouables.

Le petit catholique avait été marqué très profondément par cet épisode.

Ce matin-là, il était impossible de douter de Dieu, de Son existence, de Sa Toute-Puissance. Ce matin-là, Dieu était présent au milieu des pécheurs du village, généreux, miraculeux, miséricordieux.

Les morilles au bord du chemin en étaient la preuve éclatante.

12

Les protestants occupaient une place très spéciale, dans les propos qui s'échangeaient autour de la table familiale du petit catholique.

Le curé et l'instituteur l'avaient bien expliqué aux fils des pécheurs : leur village, qui avait pourtant appartenu pour partie à des seigneurs protestants, était catholique depuis sa création par des moines irlandais venus là une quinzaine de siècles auparavant, défricher des terres incultes pour y enraciner la foi chrétienne, à une époque où l'on n'osait imaginer qu'un jour des Luther, des Calvin et autres démagogues diviseraient les chrétiens, et s'en prendraient effrontément à la Très Sainte Église bâtie par saint Pierre sur ordre direct du Christ car « tu es Pierre, et sur cette pierre... », etc.

Ce n'est que vers le milieu du XXe siècle qu'une famille protestante eut la curieuse idée d'y acheter une maison. Il faut préciser que cette maison se trouvait à l'extérieur du village. Cependant, quelle drôle d'idée, pour une famille protestante, de s'installer dans un village où le moindre pied de vigne, la moindre motte de terre, respirait l'Église de Rome !

Leur présence posa un réel problème, quelques années plus tard, lors du décès d'un membre de cette famille. Allait-on l'enterrer dans le cimetière du village, parmi les tombes des catholiques romains ?

Le cimetière comportait alors, à l'une de ses extrémités, une haie de thuyas qui avait pour fonction première de cacher le dépotoir du cimetière où l'on entassait les fleurs fanées ou les vieilles croix en bois. Derrière cette haie de thuyas, il y avait aussi quelques tombes d'enfants et tout au fond, dans un recoin, celle d'un soldat allemand tombé en 1944. La tombe du soldat allemand se trouvait complètement à l'écart. Son casque rouillé était accroché à une vieille croix en bois.

C'est dans cette partie du cimetière que furent enterrés les morts des seuls protestants du village des pécheurs.

Le petit catholique aidait souvent sa maman à plier les draps pendant le repassage. Cela lui plaisait beaucoup, à cause de l'odeur et parce que sa maman chantait de très belles chansons pendant qu'elle repassait, comme par exemple *J'irai revoir ma Normandie*. Sa maman lui parlait beaucoup pendant le repassage. Elle lui racontait régulièrement des histoires de mariages mixtes entre protestants et catholiques, qui étaient de véritables drames parce que, d'un côté comme de l'autre, les jeunes mariés étaient mis au ban de leurs familles.

Le petit catholique en connaissait d'ailleurs la

raison précise, son catéchisme était formel : le catholique qui se marierait devant un ministre d'une autre religion ne serait pas vraiment marié, désobéirait à l'Église, pécherait gravement et serait excommunié. Quand l'Église autorise un mariage mixte, elle exige que les fiancés se marient uniquement devant le prêtre catholique, qu'ils promettent de faire baptiser et d'élever tous les enfants dans la religion catholique.

Il y avait malheureusement un tel couple mixte dans la famille du petit catholique. Le petit catholique leur rendait néanmoins visite avec ses parents. Ils n'avaient pas d'enfant. Ils étaient tristes. Le petit catholique s'y ennuyait.

Ses parents avaient aussi des amis protestants, les K. Quelquefois, le dimanche après-midi, la famille du petit catholique leur rendait visite. Eux non plus n'avaient pas d'enfant. Le petit catholique s'y ennuyait également. Au retour, dans la voiture, il arrivait à son père de dire :

– Ils sont bien, les K., mais ils sont tellement protestants...

Le petit catholique ne comprenait pas très exactement ce que son père entendait par là, mais imaginait que cela avait à voir avec son propre ennui, l'absence d'enfant dans ces deux familles. Et si Dieu les avait punis d'avoir répudié notre Sainte Mère l'Église ?

Quand la famille traversait en voiture des villages protestants, les parents du petit catholique avaient coutume de dire :

– C'est très propre ici. Mais c'est triste. C'est protestant.

Quand la famille allait en Suisse, on disait aussi que c'était propre, mais cette propreté n'avait rien à voir avec la religion. La propreté helvète était naturellement sympathique, souriante, tandis que celle des villages protestants était triste. Quand la famille traversait des zones entièrement protestantes de la contrée, entre les villages, le père du petit catholique disait très souvent :

– On voit qu'on est chez les protestants, ici. Pas le moindre calvaire dans les champs. Ça fait vide. C'est triste.

Il arrivait que la famille, en route vers tel ou tel pèlerinage de la région, le plus souvent dédié à la Sainte Vierge, traversât des villages protestants le dimanche matin. On voyait alors quelques vieilles femmes de noir vêtues se rendre à leur culte. Il fallait être aveugle pour ne pas comprendre au premier coup d'œil qu'on était dans un village protestant.

Chacun sait que la Sainte Messe dominicale est obligatoire, et que le catholique romain qui ne s'y rendrait pas commettrait un péché. Du temps du petit catholique, les églises de la contrée étaient bondées le dimanche matin. À la sortie de la grand-messe régnait dans le village une grande activité : les enfants allaient de maison en maison distribuer les différents titres de la presse catholique, les femmes couraient vers leurs cuisines pour préparer les rôtis dominicaux, et les hommes se rassemblaient sur la place de l'église pour faire le point sur l'évolution des cultures et refaire le monde.

Chez les protestants, le seul culte obligatoire est celui du jour de Pâques. « Encore heureux ! se disait le petit catholique. C'est quand même le jour de la résurrection du Christ ! » Or, dans la mesure où ils ne commettent pas de péché en ne se rendant pas au culte du dimanche matin, ils ne s'y rendent qu'en très petit nombre. En ce temps-là déjà, leurs temples étaient vides le jour du Seigneur. Il n'y avait pas chez eux, le dimanche matin, l'ambiance de ruche qui régnait dans le village du petit catholique.

– C'est protestant, ici, je parie, disait la mère. On voit juste quelques vieilles femmes qui vont au temple...

– Mais bien sûr que c'est protestant ! lui répondait invariablement le père. Tu ne vois donc pas comme c'est triste !

13

Il est arrivé au petit catholique de visiter des temples protestants et de se demander s'il se trouvait dans un lieu de culte ou dans un vague dépôt où l'on avait entreposé quelques bancs.

Pas le moindre tableau aux murs, pas de fleurs, de petits autels avec des bougies, d'*ex-voto* remerciant la Vierge pour ceci ou cela. Et surtout, pas de petite lampe rouge dans le chœur comme celle que l'on trouve dans chaque église catholique.

Dans les églises catholiques, cette lampe signifie la présence permanente du Saint-Esprit. Celle du village des pêcheurs par exemple ne s'éteignait jamais, ce qui prouve bien que c'était vraiment l'Esprit saint qui était présent, puisqu'il ne fallait jamais changer l'ampoule.

En plus, dans les temples protestants, il n'y avait aucune référence à Marie, la Mère de Dieu toujours vierge. Le petit catholique se demandait alors ce que les petits protestants pouvaient bien apprendre au catéchisme. Parce que si, de son catéchisme diocésain à lui, on avait retiré les pages sur l'Esprit saint et celles sur la Vierge Marie, il n'aurait plus pesé bien lourd.

Le père du petit catholique était un honnête homme qui ne comprenait pas comment on pouvait ne pas vénérer la Vierge Marie, la Mère de Dieu qui s'est fait homme, ou croire en Dieu sans l'intercession d'un pape infaillible. Mais, comme il était honnête homme, il considérait qu'avant de juger autrui il fallait au moins tenter de le comprendre.

Il se fit donc offrir pour Noël un livre sur l'histoire du protestantisme, sur la couverture duquel on voyait le traître Luther avec son immense béret de travers. Sa femme, la mère du petit catholique, sentait bien l'irritation de son honnête homme de mari à la lecture du livre.

– Il est pas bien, ton livre ?

– Je comprends rien avec ces protestants. Déjà, avant de le lire, je ne comprenais pas grand-chose, mais maintenant, plus je lis et moins je comprends.

– Enfin, il y a les luthériens et les calvinistes, chacun sait ça !

– Mais non. Ils ont aussi les baptistes, les anabaptistes, les mennonites, les évangélistes, les mormons, les sabbatiques, les amish, les pentecôtistes, les piétistes, les méthodistes... J'arrête, ils me donnent le vertige. La liste est interminable ! C'était bien la peine de se séparer de nous pour continuer à se diviser en une infinité de petites chapelles ! Nous, on reste unis derrière saint Pierre et ses successeurs. La Sainte Messe en latin, tu peux la suivre partout sur la planète, alors que chez eux, si tu veux aller dans un temple, il faut d'abord que tu sortes un guide spécial pour protestants, pour savoir de quelle chapelle le temple fait partie. Je ne comprends pas ça. C'est tellement plus simple d'avoir une seule Église catholique, apostolique et romaine, un point c'est tout.

Le père du petit catholique laissait entendre que, pour qu'il y ait tellement de chapelles et de sous-chapelles, il fallait qu'ils soient fanatiques, quand même, non ? Il y avait bien sûr aussi des fanatiques parmi les catholiques. Mais le père pensait que les protestants étaient fanatiques d'une autre manière. Qu'ils avaient une façon peut-être plus dissimulée d'être fanatiques. Alors que le fanatisme des papistes, lui, était ouvert, franc.

Voilà ce qu'il devait penser, le père du petit catholique, mais sans le formuler.

14

Le petit catholique aimait tout particulièrement la fin de la grand-messe du dimanche matin.

Il n'était pas le seul.

On sentait bien que tout le monde était content que cela se termine. Après la communion, il n'y avait plus de place pour des moments d'intense concentration ou de silence. Même le curé semblait pris d'une sorte de frénésie.

À partir de la communion, les pécheurs les plus pressés commençaient déjà à quitter l'église par le portail arrière. Car ce qui comptait pour l'évaluation du péché de non-fréquentation de la messe dominicale, c'était d'être présent au moment de la communion. Si on partait avant l'eucharistie, on commettait un péché, parce que c'était comme si on n'avait pas été à la messe du tout, mais après, on pouvait s'éclipser.

Les pécheurs du village connaissaient la règle, bien sûr. Ils n'étaient pas assez bêtes pour commettre un péché juste pour quelques minutes.

En fait, c'étaient surtout les femmes qui partaient, dès qu'elles avaient la certitude de ne plus commettre de péché en quittant l'église ; il fallait bien que le repas du dimanche soit prêt quand les maris reviendraient du café.

Le petit catholique avait beaucoup de chance, car sa maman à lui allait à la messe de sept heures, pour avoir bien le temps de préparer le rôti du dimanche et les pommes frites. À la fin de la grand-messe, le petit catholique se sentait parfois affaibli car, comme il communiait, il était toujours à jeun. Il lui suffisait alors de penser au poulet, au lapin, ou parfois même au coq qui rissolait déjà dans le four de sa maman, pour sentir ses forces lui revenir.

Après la communion, la messe devenait soudain joyeuse. À l'orgue, Michel, le grand frère du petit catholique, se déchaînait comme s'il pouvait enfin se laisser aller à son tempérament naturel d'interprète. Les cantiques que l'on chantait à ce moment-là de la messe étaient rythmés et pleins d'entrain, sauf bien sûr pendant les périodes sombres de célébration de la mort du Christ.

Je suis chrétien, voilà ma gloire... ou encore *O grosser Gott wir loben dich* étaient chantés avec un enthousiasme et une conviction à convertir le pire incroyant. Le petit catholique ressentait alors les mêmes vibrations intérieures que lorsqu'il chantait *La Marseillaise* à la fête de fin d'année de l'école.

Les fêtes patriotiques, la nationale ou celles qui commémoraient les victoires sur l'ennemi héréditaire étaient célébrées avec ferveur dans l'église du village. À la fin de la messe, la chorale des pécheurs entonnait toujours le même cantique très martial, dont le frère du petit catholique soulignait la force par des accords particulièrement bien choisis :

Pitié, mon Dieu, c'est pour notre patrie
Que nous prions au pied de cet autel :
Les bras liés et la face meurtrie,
Elle a porté ses regards vers le ciel.

Les paroles des strophes étant relativement complexes, seuls les choristes les chantaient. Mais le refrain était connu de tous. Toute l'assistance le reprenait avec force :

Dieu de clémence, ô Dieu vainqueur !
Sauvez, sauvez la France
Au nom du Sacré-Cœur !
Sauvez Rome et la France
Au nom du Sacré-Cœur...

Lors des grandes fêtes patriotiques, les pêcheurs se rassemblaient sur la place de l'église devant le monument aux morts, une grotte de Lourdes en pierre de taille où l'on voyait la Vierge Marie les mains jointes, le regard tourné vers le ciel, sainte Bernadette agenouillée en contrebas, un cierge à la main, le regard tourné vers la Sainte Vierge, et dans le soubassement, une cavité symbolisant la source miraculeuse de Lourdes.

D'un côté de la grotte flottait le drapeau français, de l'autre le drapeau jaune et blanc du Vatican.

C'est sur cette grotte que les pêcheurs avaient apposé une plaque mentionnant les hommes du village morts durant les guerres qui opposèrent la France à l'ennemi héréditaire.

Après la lecture laborieuse de son discours par le maire, inchangé d'année en année, après les prières du curé, la clique des pompiers entonnait l'*Hymne aux morts*.

Les pécheurs savaient qu'il ne fallait pas être trop exigeant sur la justesse, ils avaient dû subir les répétitions les jours précédents et entendre l'hymne déchirer interminablement la tranquillité de la nuit villageoise et faire pousser des vociférations déchirantes à des chiens que l'on n'avait pas l'habitude d'entendre hurler à la mort. Interminablement et inutilement : malgré toutes ces répétitions, il était évident, le jour de la fête, que la clique n'avait fait aucun progrès...

Pendant ce temps, le petit catholique se demandait, en regardant les étendards flotter au vent, pourquoi tous ces soldats du village qui avaient leur nom sur la plaque du monument étaient en réalité morts à la guerre sous l'uniforme de l'ennemi héréditaire.

On lui avait bien expliqué un peu que les pécheurs du village et de la contrée, autrefois, étaient toujours contraints de faire la guerre sous l'uniforme de l'ennemi. Mais heureusement que Dieu était du côté de la France, ce qui fait qu'elle gagnait toujours, et après chaque victoire, la contrée redevenait française.

Le petit catholique ne s'attardait pas trop à ce genre de questions. Il y avait tant d'autres choses qu'il avait du mal à comprendre.

En revanche, il aurait bien aimé qu'on lui dise comment sortir de sa tête ce refrain qui l'obsédait :

Sauvez, sauvez la France
Au nom du Sacré-Cœur...

15

Le petit catholique était fier que la France fût considérée comme « la fille aînée de l'Église ». Il lui suffisait d'ailleurs de jeter un coup d'œil sur une carte de l'Hexagone ou de se remémorer quelques bribes d'histoire, pour que cette filiation apparaisse comme une évidence.

Jeanne d'Arc, par exemple. Les servants de messe du village s'étaient rendus en excursion à Domrémy, le village où Jeanne vit le jour, et où elle était en train de garder tranquillement ses moutons quand l'archange Michel lui était apparu afin de lui expliquer ce qu'elle devait faire pour chasser les Anglais hors du royaume de France.

Les servants de messe avaient immédiatement compris, vu le nombre d'autocars garés sur l'immense parking à côté de la maison natale de la sainte, qu'ils allaient visiter un lieu important de l'histoire de France et de celle de l'Église.

À Domrémy, le petit catholique avait bu beaucoup de limonades très froides et ingurgité un grand nombre de glaces, ce qui peut se comprendre aisément car, au village, il n'y avait ni glace ni limonade. Sur le chemin du retour, il vomit à plusieurs reprises, toujours à des moments où le chauffeur ne pouvait pas s'arrêter, car il se trouvait sur les routes de montagne séparant le village des pécheurs de la Lorraine. Et c'est bien sûr à chaque fois en plein virage que le petit catholique sentait qu'il ne pouvait pas se retenir.

Mais avant de dépenser tout son argent en glaces et en limonades, il avait eu le temps d'acheter une statuette en plastique blanc de Jeanne d'Arc sur son cheval, raide comme un soldat, tenant d'une main la bride du cheval, et de l'autre un étendard.

Cette statuette, le petit catholique la conserva pieusement sur une étagère de sa chambre, car il savait que Jeanne d'Arc était une très grande sainte, une des patronnes de la France.

Ce qu'il aimait particulièrement chez elle, c'était son nom. Il ne savait pas qu'on la surnommait « la Pucelle d'Orléans », et n'aurait d'ailleurs pas compris ce que cela signifiait. Ce qu'il aimait dans ce nom, c'était sa douceur : Jeanne. Il faut dire que sa maman s'appelait Jeanne, elle aussi, et que c'était une maman très gentille et très douce. Et en plus, l'archange qui était apparu à Jeanne pour lui expliquer comment chasser les Anglais s'appelait Michel. Comme son grand frère !

La sœur du petit catholique portait d'ailleurs elle aussi un prénom chargé d'histoire. Elle s'appelait Marie-Anne. Marie, la Mère de Dieu toujours vierge, et Anne, la mère de Marie, vierge elle aussi, comme cela a d'ailleurs été confirmé par le dogme de l'Immaculée Conception.

Le curé l'avait bien expliqué en cours de catéchisme : Marie était vierge, bien sûr, mais encore fallait-il que celle qui mettrait un jour au monde le Fils de Dieu eût été elle-même conçue sans péché. En un mot, que sa conception ne fût maculée d'aucune manière.

Ce n'est pourtant pas cette garantie de pureté absolue qui avait principalement conduit les parents au choix de ce prénom. C'est que Marie-Anne était née au début des années quarante, en pleine guerre. Les nazis n'auraient pas toléré que des enfants portent comme prénom « Marianne », symbole de la République française. Mais que pouvaient-ils contre Marie, la Mère du Fils de Dieu, et Anne, sa grand-mère, vierges toutes les deux et réunies en un seul prénom ?

Par ce choix de prénom, les parents du petit catholique avaient marqué, comme d'autres parents catholiques en ce temps-là, leur double attachement : à l'Église universelle et à la France, sa fille aînée.

La sœur du petit catholique en conçut par la suite une certaine irritation, sous prétexte que beaucoup de filles catholiques de sa génération portaient le même prénom. Le père, qui avait l'habitude de réagir vivement dès lors que des valeurs fondamentales étaient en jeu, coupa court aux jérémiades de sa fille : c'était un sujet de fierté que de porter un prénom catholique et patriotique à la fois. Point.

Le petit catholique aimait réellement cette image : « la France, fille aînée de l'Église ».

Il sentait bien que, si c'était d'abord en France que la Vierge Marie était apparue à des bergères, à

Lourdes dans les Pyrénées, ou à La Salette dans les Alpes, ou encore au fin fond de la Bretagne, c'est que Dieu en avait décidé ainsi. Bien sûr, la Vierge était aussi apparue ailleurs, au Portugal ou en Irlande, qui sont également des pays très catholiques, mais des pays qui ne comptent pas parmi les aînés de la famille.

Était-ce un hasard si Paris avait été sauvé des envahisseurs par sainte Geneviève ?

Était-ce un hasard si sainte Thérèse de l'Enfant-Jésus avait eu, depuis sa Normandie profonde, le rayonnement universel que chacun connaît ?

Était-ce un hasard si le saint curé d'Ars, ce modeste curé de la campagne lyonnaise, avait été déclaré patron de tous les curés de paroisses de l'immense univers catholique ?

Le petit catholique n'en doutait pas un instant : il était naturel que la France fût reconnue « fille aînée de l'Église ». Le petit catholique était heureux d'avoir pu naître dans ce pays.

Il trouvait qu'il était juste d'implorer Dieu de sauver la France au nom du Sacré-Cœur.

16

L'Allemagne voisine, elle, était pour le petit catholique le pays des protestants, leur berceau. Luther, le traître à l'immense béret de travers, était allemand ; la langue allemande elle-même s'était officialisée à partir de la traduction de la Bible. Mais le petit catholique découvrit avec surprise qu'il y avait aussi des catholiques en Allemagne. Luther le diviseur n'était donc pas parvenu à éradiquer totalement l'Église universelle et romaine dans son propre pays !

Pendant la jeunesse du petit catholique, la France avait élu à la tête de sa République laïque une sorte de roi. Et ce roi était très grand et très catholique. Il passait toutes ses vacances dans un très petit village, Colombey, qui avait deux églises. Charles de Gaulle était son nom. Et ce Charles de Gaulle décida, peu avant la communion (la grande) du petit catholique, de faire la paix une fois pour toutes avec l'Allemagne (petite car divisée politiquement, mais malgré tout assez grande). Cette paix, Charles de

Gaulle la fit avec un Allemand bien plus petit que lui de taille, mais également grand catholique : Konrad Adenauer.

Il y avait des photos où on les voyait aller ensemble à la messe. Il y avait aussi la fameuse photo où on les voyait s'embrasser, même que dans le village des pécheurs il y en avait qui disaient que, d'accord, on pouvait faire la paix une fois pour toutes avec eux, mais que, quand même, c'était peut-être pas la peine de s'embrasser, et en plus devant des photographes...

Bref, le petit catholique avait compris l'essentiel de cette histoire : c'est grâce à deux catholiques qui ne loupaient pas une messe le dimanche qu'il y avait eu la paix sur la terre aux hommes de bonne volonté, et si, à la place de cet Adenauer, il y avait eu un luthérien fanatique avec un énorme béret sur la tête, on l'attendrait toujours, la paix finale et définitive entre les deux ennemis héréditaires.

Cependant, ces circonstances très particulières mises à part, l'Allemagne restait par essence terre protestante, au même titre que la France était de naissance fille aînée de l'Église.

L'histoire qui va suivre illustre les prolongements que cette réalité a pu avoir dans la contrée et dans la tête du petit catholique.

Le père de ce petit catholique avait lui-même, forcément, été catholique quand il était petit. Il avait vécu sa jeunesse dans un chef-lieu de canton où protestants, juifs et catholiques vivaient côte à côte, de génération en génération. Les protestants et les juifs se partageaient les commerces et les petites usines. Les catholiques étaient plus nombreux.

Le père du petit catholique expliquait souvent à ses enfants qu'il y avait entre les protestants et les juifs de cette petite ville une proximité du fait qu'ils étaient, les uns comme les autres, tournés vers l'Ancien Testament, ne s'intéressaient pas à l'Immaculée Conception et considéraient que notre Très Saint-Père le pape était faillible. Dans cette petite ville, à l'école concordataire, on avait même réuni à un moment donné les enfants protestants et les enfants juifs dans une même école, en raison de leur infériorité numérique par rapport aux catholiques.

La petite ville était proche du Rhin. Quand Hitler prit le pouvoir, et avant même qu'il ne franchisse la frontière avec ses chars, des lézardes étaient apparues dans cette société qui jusque-là semblait installée dans un équilibre social et religieux à toute épreuve.

Le petit catholique avait compris que les esprits, eux aussi, avaient commencé à se lézarder sans bruit, comme si les idées, quand elles traversaient les frontières, le faisaient en silence, sur la pointe des pieds.

Quand les nazis sont arrivés, les voisins et copains juifs du père avaient déjà pris la fuite. Dans la petite ville, il n'y avait donc plus que les protestants et les catholiques.

C'est à ce stade du récit que revenait régulièrement la même question dans la bouche du père du petit catholique, qui était connu pour raconter souvent les mêmes histoires, probablement pour être sûr qu'un jour ses enfants s'en souviendraient. Il y avait parfaitement réussi, il faut bien le reconnaître.

Quand il posait une question, dont la réponse était généralement connue de ses enfants, il n'était pas indiqué de la donner, sous peine de briser le rythme et la respiration du récit, et de lui retirer sa part de mystère.

– Et vous savez ce qu'il a dit en chaire, le pasteur protestant, le premier dimanche après l'arrivée des nazis ?

– Non...

La réponse tombait après quelques instants de silence. On avait alors l'impression que le père du petit catholique était lui-même redevenu petit, qu'il venait de coller son oreille à la porte du temple protestant et qu'il en revenait tout essoufflé.

– Il a dit qu'il ne fallait jamais oublier que l'allemand était la langue de Luther. Vous comprenez ce que ça voulait dire, je pense ? Ça voulait dire qu'il fallait accueillir les soldats allemands en frères ! Jamais un prêtre catholique n'aurait prononcé de telles paroles !

Le petit catholique l'avait compris très jeune : quand, après une histoire, son père marquait un arrêt brutal, quand son regard fixe se perdait au loin, quand il préférait ne plus faire aucun commentaire, ce qui pourtant n'était pas dans ses habitudes, il était préférable de se taire, de ne plus poser aucune question et d'essayer de deviner ce qui avait bien pu se jouer dans cette petite ville, pendant et après les années noires...

Après de telles histoires, le petit catholique adressait à Dieu de vibrantes prières, Le remerciant de toute son âme d'être né dans une famille catholique.

17

L'Italie est plus éloignée de la contrée où vivait le petit catholique que l'Allemagne. Mais Rome, celle de « Tu es Pierre, et sur cette pierre... », se trouvait en Italie. Les papes de l'Église pourtant universelle étaient toujours italiens. L'Italie, c'était le pays de saint François d'Assise. C'est en Italie que vivait Padre Pio qui n'était pas encore saint, bien sûr, car en pleine activité terrestre, mais tout le monde pouvait se douter qu'un jour il le serait. Et surtout, si entre le Vendredi Saint et le dimanche de Pâques les cloches de l'Église ne sonnaient plus, c'est qu'elles s'étaient toutes envolées mystérieusement en Italie, à Rome, d'où elles revenaient triomphalement le dimanche matin, annonçant à toute volée la Résurrection du Fils de Dieu.

Le petit catholique n'avait jamais vu de ses propres yeux les cloches s'envoler vers Rome après la mort du Christ. Il se demandait d'ailleurs comment les Saints-Pères faisaient pour entasser ces milliers de cloches qui arrivaient le même jour de la terre entière. Mais il était certain qu'elles s'envolaient, puisqu'elles ne sonnaient plus. D'ailleurs, il n'avait pas vu non plus le lièvre de Pâques, et pourtant il trouvait chaque année les œufs et les lapins de Pâques en chocolat que le vrai lièvre de Pâques, le *Oschterhaas*, déposait au fond du jardin.

Durant les deux jours précédant la Résurrection planait sur le village des pécheurs une ambiance d'une très grande tristesse. Tous les ornements de l'église, les draperies, les étendards, la chasuble du curé avaient viré au noir. Il n'était pas interdit de travailler aux champs, mais on évitait certains travaux, comme épandre du fumier ou du purin. Les petits catholiques du village, tous servants de messe, étaient particulièrement mobilisés en cette période de très haute activité liturgique. Pour remplacer les cloches envolées à Rome, ils actionnaient à l'heure des offices une immense crécelle fixée sur une caisse en bois, dont le son lugubre et sec rappelait à tous les pécheurs du village qu'au même moment le Christ, mort exprès pour eux, était encore dans le tombeau recouvert d'une grosse pierre.

Les Italiens étaient-ils culturellement et linguistiquement plus éloignés des gens de la contrée que les Allemands ? Peut-être bien.

Mais ils étaient catholiques.

Deux familles italiennes s'étaient installées en ces années-là dans le village des pécheurs. On les avait vues fréquenter les offices avec une assiduité vantée par le curé, qui rappelait que l'une de ces familles était originaire d'un village très proche de Pietrelcina, où Padre Pio avait vu le jour. Pour le petit catholique, ce détail conférait à cette famille un statut particulier, comme si elle avait bénéficié directement du rayonnement de Padre Pio.

L'Italie inspirait de temps à autre au père du petit catholique un récit absolument déchirant. Un de ces récits où le narrateur, envahi par le souvenir évoqué, parvient à grand-peine à maîtriser les vagues d'émotion qui l'assaillent.

– Quand on a appris dans la famille que Hitler et Mussolini s'étaient alliés contre la France, on a tous pleuré !

La cousine latine et catholique faisant alliance avec les Germains devenus démoniaques, contre la France, fille aînée de l'Église ! Il n'y avait plus en effet qu'à pleurer. Les prières étaient devenues inutiles...

L'Angleterre, en revanche, occupait une position très marginale dans la vision de l'univers du petit catholique. Ce pays s'était séparé de Rome des siècles auparavant. L'un de ses rois avait commis un péché que le petit catholique abhorrait tout particulièrement : le péché d'orgueil. Il avait refusé l'autorité suprême et infaillible du Saint-Père, successeur de « Tu es Pierre, et sur cette pierre », etc., pour fonder sa propre Église d'Angleterre ! Était-il seulement possible d'imaginer une manière plus répugnante de commettre le péché d'orgueil ?

Le petit catholique, qui, du fait de son jeune âge, avait une perception floue de l'histoire de la planète, se demandait même si Dieu n'avait pas détaché l'Angleterre de la terre ferme pour la punir du péché d'orgueil commis par son roi.

Il s'était également produit en ce temps-là dans le village des pêcheurs un incident qui troubla pour de longues années la perception que ses habitants avaient des Anglais.

En effet, un couple de Britanniques se fit embaucher un jour pour les vendanges par un viticulteur du village. À peine leur première journée de travail achevée, à l'heure où les pécheurs déversent le raisin dans les pressoirs, l'incroyable nouvelle faisait déjà le tour du village : à la pause de quatre heures, celle où un vendangeur normalement constitué entame son troisième litre de vin blanc pour accompagner les tartines de moutarde saupoudrées de lardons, les Anglais avaient exigé du thé chaud avec des gâteaux secs !

Le petit catholique savait en revanche que, mis à part certains pays encore trop difficiles d'accès, la quasi-totalité de la planète était en train d'être convertie au catholicisme de l'Église universelle, la bien nommée. Le petit village des pécheurs avait donné à l'Église plusieurs religieux et religieuses qui prêchaient la bonne parole sur tous les continents. D'ailleurs, ils ne se contentaient pas de porter la parole du Christ en ces terres lointaines. Ils y enseignaient aussi l'histoire de France, y terrassaient des fauves et des maladies, y asséchaient des marais et expliquaient aux sauvages comment cultiver des pommes de terre.

Ces conquêtes prodigieuses des territoires et des âmes par la Très Sainte Église étaient décrites et commentées dans la presse missionnaire, très prolifique, qui montrait en photo des églises construites en pleine brousse, ouvertes à tous les vents, sans clocher, sans horloge, avec des toits en tôle ondulée ! Mais tout ceci n'avait que peu d'importance.

Les âmes étaient sauvées, c'était bien là l'essentiel.

Il y avait aussi dans ces revues des photos d'évêques africains, coiffés de leur mitre, reçus par le Saint-Père en personne. Le petit catholique savait que la marche de son Église vers l'universalité était inéluctable.

18

C'est par vagues groupées que les mots de la religion parvenaient le plus souvent au petit catholique. Les mots n'existaient pas comme entités séparées, dont on aurait exploré la signification à travers la relation qu'ils entretenaient avec le terme qui les précédait ou avec celui qui les suivait. Les mots se coulaient dans les phrases, au point de perdre toute existence autonome. Seules les phrases ou lambeaux de phrases avaient droit d'exister. Leur présence était si familière qu'il était devenu inutile d'interroger leur raison d'être. Est-il nécessaire de savoir qui était Denfert-Rochereau pour prendre le métro à la station portant son nom ?

Ainsi l'enfance du petit catholique fut-elle imprégnée de « Marie, la Très Sainte Mère de Dieu toujours vierge », de « Dieu est amour », du « Saint-Père le pape » ou encore de « la Très Sainte Trinité ».

Les « Saint » ou « Très Saint » donnaient souvent la tonalité et entraînaient sans mal le reste de la phrase.

D'autres mots, collés les uns aux autres, créaient automatiquement un climat auquel il était impossible d'échapper. Quand le petit catholique disait au milieu des autres pécheurs: «C'est ma faute, c'est ma faute, c'est ma très grande faute», ou encore: «Je ne suis pas digne de Te recevoir», il se sentait instantanément habité par une force intérieure qui le poussait à se prosterner et à baisser humblement la tête.

«Le Verbe s'est fait chair» occupait une place de choix dans cet univers. Ce groupe de mots était aussi familier au petit catholique que: «Va chercher du trèfle pour les lapins», ou: «Tu n'as toujours pas préparé le petit bois!» «Le Verbe s'est fait chair» présentait un avantage certain par rapport à bien d'autres paquets de mots: le petit catholique le comprenait.

Il faut dire que la conjugaison des verbes lui avait occasionné des souffrances indicibles. L'imparfait du subjonctif, en particulier, avait suscité chez lui des troubles de comportement que nul ne put détecter dans son entourage, la psychologie n'ayant pas encore remporté alors les victoires prodigieuses qu'on lui reconnaît depuis. Mais ces souffrances avaient eu au moins cette conséquence bénéfique: le petit catholique savait ce qu'était un verbe.

Il savait que «le Verbe s'est fait chair», ça voulait dire que les verbes se conjuguaient le dimanche à la messe du haut de la chaire.

Le curé n'y montait que le dimanche, parce que les marches pour y accéder étaient très raides. Lorsqu'il en descendait après le prêche dominical, l'assemblée des pécheurs retenait toujours son souffle, de peur qu'il ne se prenne les pieds dans le bas de la chasuble qu'il tenait relevée.

Aucun enfant catholique digne de ce nom n'aurait pu soupçonner alors qu'il existait une « chair » différente de la « chaire ». Le seul fait de comprendre la mutation de sens entraînée par le déshabillage de la lettre *e* eût d'ailleurs été la preuve flagrante d'un péché d'impureté commis par pensée.

Certains de ses petits camarades devaient imaginer que les verbes se faisaient de plus en plus chers ! Mais le petit catholique frappait son entourage par la vivacité de son esprit et sa soif de connaissance. Ce n'est sûrement pas lui qui aurait eu la naïveté d'imaginer qu'un verbe pouvait avoir une valeur marchande soumise aux fluctuations du marché !

Non pas qu'il pensât que les mots n'avaient aucune valeur. Bien au contraire. Il en percevait déjà le poids, sentant que certains d'entre eux étaient comme des mines sur lesquelles on risquait d'exploser en y posant le pied. Peut-être même pressentait-il qu'il y avait des mots dont il ne viendrait jamais à bout.

Mais, malgré son très jeune âge, le petit catholique avait compris une chose essentielle : le verbe pouvait se décliner en chaire, et présenter une résistance définitive aux lois impitoyables de la société marchande.

Il y avait aussi, dans l'univers du petit catholique, certains mots qui étaient comme inspirés directement par Dieu. « Miséricorde » et « miséricordieux » étaient de ceux-là. Dieu était d'ailleurs dans ce dernier mot. C'est tout dire. Ces mots-là étaient réservés à « Dieu qui, dans Sa très grande miséricorde », etc. Le petit catholique n'avait pas besoin de dictionnaire pour sentir que c'était de la bonté de Dieu qu'il s'agissait. Il préférait d'ailleurs de loin ce Dieu-là, le gentil, à l'autre, le méchant, qui notait dans Ses carnets chaque faute de chaque catholique de la terre.

En revanche, le petit catholique avait attrapé au vol, certes en dehors de l'univers religieux, un mot étrange qu'il ne comprenait absolument pas, mais qui lui semblait renfermer un monde chargé de mystère : le mot « spermatozoïde ». Un jour qu'il crut ses parents absents, il entreprit d'affronter ce mot dans le Larousse familial en dix volumes, qui était rarement consulté. Mais les définitions du dictionnaire, les dessins extrêmement complexes censés en éclairer le sens ne firent qu'embrouiller son esprit. Il fut donc contraint de se rabattre sur d'autres mots dans d'autres volumes, et quand il en eut étalé une bonne partie sur la table de la *stub*, il découvrit au fond de la bibliothèque, complètement caché, un ouvrage dont le titre attira immédiatement son attention : *Ce que je dirai à mon fils*.

Au moment où il commençait à le feuilleter fiévreusement, son père ouvrit la porte de la *stub* et lui arracha le livre des mains. Par la suite, le petit catholique fouilla à plusieurs reprises, de fond en comble, la bibliothèque familiale. Jamais il ne parvint à remettre la main sur l'ouvrage avec lequel il s'était fait surprendre de manière si stupide.

Son père ne trouva jamais les mots pour dire au petit catholique ce qu'il y avait dans ce livre. Il y était sûrement écrit qu'il fallait dire aux petits catholiques de dormir sur le dos, les bras au-dessus des couvertures. Le père avait toujours insisté là-dessus. Le soir, quand le petit catholique était couché, il lui arrivait de venir à l'improviste inspecter la position des bras de son fils.

19

Le petit catholique savait bien sûr qu'il ne suffisait pas de fréquenter l'église tous les dimanches, de se confesser, de communier, de respecter les commandements pour être assuré de gagner le Ciel. Il fallait encore aimer Dieu de tout son corps, de toute son âme. Et comment être certain que nous L'aimions suffisamment ? Qui pourrait nous en donner l'assurance ?

Il avait une seule certitude : jamais on ne Les aimerait trop, ni Dieu le Père ni Son Fils mort exprès sur la Croix pour nous sauver de nos péchés. Parmi les groupes de mots qui lui étaient familiers, et dont il était inutile d'analyser la signification véritable, il y avait « Dieu est amour ». Cette réalité – « Dieu est amour » – était pour le petit catholique d'une évidence telle qu'elle écrasait de son poids toute autre considération, tout autre précepte religieux.

Ce n'est pas simplement que Dieu nous aimait, ce qui aurait pu impliquer qu'Il nous aimait plus ou moins selon Ses humeurs, comme les hommes quand ils s'aiment ou croient s'aimer. Il s'agissait là d'un amour bien différent, d'un amour d'essence divine : Dieu était amour. Il fallait donc L'aimer en retour, aimer son Dieu Tout-Puissant, non pas comme on aime ses proches, mais comme on aime Quelqu'un qui est amour.

Comment réaliser un tel exploit ? Le petit catholique s'y employait de toute son âme, de toutes ses forces. Il lui semblait bien souvent que la tâche était impossible. Comment lui, l'insignifiant petit catholique de ce minuscule village des pécheurs, pourrait-il aimer suffisamment le Dieu Tout-Puissant qui était amour, et qui par amour lui avait envoyé Son fils unique se faire crucifier parce que lui, le petit catholique, n'était rien d'autre qu'un misérable pécheur ?

Il finit par s'en ouvrir au curé, dans le placard à péchés :

– Bénissez-moi, mon père, parce que j'ai péché.

– Quels sont tes péchés ?

Après un silence qui lui sembla interminable, il finit par lâcher :

– Monsieur le curé, je ne suis pas sûr d'aimer suffisamment le Dieu Tout-Puissant.

– Sais-tu que Dieu est amour ?

– Je le sais bien, monsieur le curé.

– Fais-tu tes prières matin et soir ?

– Oui, monsieur le curé.

– Tu n'es pas en train de perdre la foi, j'espère ?

La perspective de perdre la foi était tellement abominable que le curé ne pouvait poser la question sans que l'on perçoive dans sa voix un tremblement de menace. Perdre la foi, pour un petit catholique, ce n'était pas abandonner une opinion au profit d'une autre. Perdre la foi, ce n'était pas changer sa manière de voir le monde. Perdre la foi, c'était se précipiter dans le vide, courir à sa perte, s'engager sur un boulevard dégagé dont chacun pouvait voir distinctement où il menait : aux flammes de l'enfer.

– Tu n'as pas perdu la foi ? insista le curé.

Si le petit catholique restait silencieux, c'est qu'il se demandait sérieusement s'il n'était pas engagé sur cette pente fatale qui finirait par le conduire vers le vide absolu, une sorte de trou noir, béant, dans lequel il serait aspiré par sa propre faute.

– Non, monsieur le curé.

– Tu sais que Dieu est amour ?

– Oui, monsieur le curé.

– Tu sais ce qu'il faut faire si tu sens que tu perds la foi ?

– ...

– Tu as oublié les leçons du catéchisme, je vois.

– Il faut prier, monsieur le curé.

– C'est ça. Il faut prier, prier encore, prier toujours. Prier Dieu le Père, prier Son Fils bien-aimé. Il faut aussi implorer la Très Sainte Vierge Marie, la Mère de Dieu toujours vierge.

– Oui, monsieur le curé.

– Comme pénitence, tu me feras trois *Notre Père* et vingt *Je vous salue Marie*.

– Oui, monsieur le curé.

– Et ce soir, avant de t'endormir, tu me reliras le chapitre de ton catéchisme consacré à la charité.

– Oui, monsieur le curé...

Alors le petit catholique priait de plus belle. Il lui arrivait bien sûr de se dire : « Mais celui qui perd la foi prie de moins en moins, puisqu'il perd la foi. S'il prie de moins en moins, il s'éloigne de plus en plus de "Dieu est amour". Il est donc condamné à la perdre, la foi... » Quand des idées démoniaques de cette nature venaient l'envahir, troublant dangereusement sa relation au Seigneur Tout-Puissant, il redoublait de vigueur dans ses prières, s'y adonnait avec frénésie et parvenait à se rassurer : « Mais moi, si je prie, c'est que j'ai toujours la foi, car si je l'avais perdue je ne prierais plus... »

Ce soir-là, avant de s'endormir, il suivit les recommandations du curé et relut dans son catéchisme le chapitre « Charité » :

> *Les principaux péchés consacrés à la Charité sont :*
> *1. être tiède envers Dieu ;*
> *2. refuser de faire Sa volonté ;*
> *3. aller jusqu'à haïr Dieu.*

Il fit le compte : jamais il n'avait haï Dieu, il était prêt à le jurer. Jamais il n'avait refusé de faire Sa volonté, du moins en sachant qu'il ne faisait pas Sa volonté. C'est sur la tiédeur que les choses se compliquaient : se demander si l'on aime suffisamment ou non notre Seigneur Tout-Puissant, n'est-ce pas déjà être tiède envers Dieu ? C'est ce que devait penser le curé, assurément. Sinon pourquoi l'aurait-il invité à une relecture du chapitre sur la charité ? Alors seulement l'évidence s'imposa au petit catholique : il avait commis un péché contraire à la charité !

Cette découverte le glaça dans son lit. Il sentit soudain une immense solitude l'envahir. Reprenant son catéchisme en espérant y trouver des paroles de réconfort, il découvrit dans le même chapitre ce que Dieu disait de ceux qui étaient indifférents : « Parce que tu es tiède, ni chaud ni froid, je vais te vomir de ma bouche. »

Il se mit alors à feuilleter nerveusement le petit livre sur la couverture duquel il y avait une immense croix dont la partie verticale était transformée en « P » majuscule, symbole de paix. Ce qu'il cherchait alors, avant de s'endormir, c'était cela justement, la paix de son âme.

Dans sa chambre, il faisait froid. S'il voulait avoir une chance de s'endormir, il lui fallait trouver au moins cela, un rayon de chaleur dans son catéchisme.

C'est alors qu'il tomba sur cette parole de Jésus : « Celui qui ne reste pas en moi, sera jeté dehors comme le sarment. Il séchera et on le ramassera pour le jeter au feu et le brûler. »

Le petit catholique décida alors d'éteindre la lumière. Il prit bien soin de mettre ses bras au-dessus des couvertures, mais il lui fallut néanmoins beaucoup de temps avant de sentir le sommeil le gagner.

Le lendemain, il se réveilla avec le souvenir d'un sommeil traversé de cauchemars : des diables armés de fourches l'avaient précipité dans les flammes en poussant des cris abominables.

20

En ce temps-là, quand venait l'heure de mourir, les pécheurs du village aimaient à mourir tranquillement chez eux. Ils aimaient s'endormir pour de bon dans le lit qui avait accueilli leur sommeil, souvent pendant toute leur vie, le lit dans lequel ils avaient fait l'amour, le lit dans lequel parfois ils étaient nés.

Le petit catholique était fasciné par l'ambiance qui s'installait autour de la mort dans le village des pécheurs. D'abord, le bruissement de l'information se glissant à vive allure de maison en maison.

– Vous le savez déjà ?

– Quoi donc ?

– Que Machin est mort.

– Ah bon ? Le pauvre... Il y a longtemps ?

– Oui, plus d'une demi-heure.

Puis la sonnerie lugubre du bourdon. À trois moments différents.

Puis l'ambiance feutrée que l'on faisait régner autour de l'habitation du mort :

– Allez plus loin pour jouer au ballon ! Vous ne savez donc pas qu'il y a un mort dans cette maison ?

On ne montrait jamais les morts aux petits catholiques. Ils les imaginaient, les mains croisées sur le ventre, enserrées dans un chapelet pour une ultime prière à Dieu, sous un crucifix orné d'une branche de buis, entre une statuette de la Vierge apparaissant à Bernadette de Lourdes, un tableau de sainte Odile et une rangée de cierges qu'on n'éteignait qu'au moment de la mise en bière.

Le petit catholique était très petit quand sa première grand-mère décéda. Plus tard, on lui expliqua que cette grand-mère était morte le même jour que Staline, le petit père des peuples, et que dans tous les journaux on avait vu la photo de Staline sur son lit de mort, les bras le long du corps. Les bras le long du corps ! Bien sûr, il n'y avait pas dans les journaux de photos de la grand-mère du petit catholique sur son lit de mort. Mais ses doigts étaient évidemment mêlés dans la position de l'ultime prière, crispés sur le chapelet qui désormais ne la quitterait plus. Ce qui ferait dire dans la famille du petit catholique, encore bien des années plus tard :

– On voyait bien la différence !

C'est dans la cour de l'école maternelle que le tout petit catholique ressentit pour la première fois la peur de la mort. Pendant la récréation, la chère sœur enseignante, sœur Domina, apprit par une voisine de l'école qu'une chose très grave venait de se produire sur un chemin proche du village : un paysan, qui essayait de retenir un cheval de trait pris d'une rage soudaine, avait été traîné sur plusieurs centaines de mètres par la bête en furie. Les enfants avaient compris que l'homme en question était mort. La chère sœur ne révéla pas son nom, car le malheureux avait plusieurs enfants, dont certains jouaient dans la cour au moment même où la nouvelle se répandait.

Il convient de préciser ici que le père du petit catholique n'était pas paysan. Sa famille et celle d'un autre garçon de son âge (dont il sera question plus loin) étaient les seules dans ce cas. Le petit catholique savait donc, avec cet autre garçon, que son papa à lui était bien vivant. Ce jour-là, il découvrit dans la cour de son école maternelle que la mort était une grande injustice et qu'à la compassion sincère pour ses petits camarades se mêlait la satisfaction de ne pas être à leur place.

Mais en ce temps-là, quoique baptisé, le petit catholique était encore trop petit pour savoir que ce qu'il ressentait comme une terrible injustice, une cruauté incompréhensible, était en réalité un signe de la grandeur de la volonté divine, qui se manifestait par le fait que Dieu rappelait à Lui l'un de Ses fils.

Il arrivait que des personnes du village fussent grabataires, souvent pendant de longues périodes, avant de mourir. Bien sûr, il n'était pas question de les priver des très saints sacrements de la pénitence et de l'eucharistie. L'eucharistie, c'est-à-dire la possibilité pour le malade de communier en dehors de la Sainte Messe, se déroulait en semaine, après la messe du matin. Le petit catholique adorait être servant de messe de semaine quand la situation se présentait, car il pouvait alors arriver en retard en classe, avec pour seule excuse : « J'étais d'eucharistie ! »

Vêtu de son aube, il marchait à côté du prêtre en surplis blanc, tenant des deux mains un calice, dans lequel il y avait une hostie fraîchement bénie à la messe du matin. Pour le servant de messe, c'était un service facile : pas de texte à savoir ni en français ni en latin, inutile de retenir à quel moment carillonner, à quel moment donner un coup d'encensoir, juste marcher à côté du curé en donnant l'impression d'être pénétré de l'importance de sa mission.

Cette traversée matinale du village des pécheurs intervenait à un moment de très grande activité : vacarme des énormes bidons de lait en aluminium, début des papotages à l'épicerie, départ pour les champs et les vignes des derniers bœufs et chevaux de trait et des premiers tracteurs qui venaient de faire leur apparition. Le curé et le petit catholique traversaient religieusement tout ce monde en activité, voyant à peine les hommes soulever légèrement leurs casquettes et les femmes se signer sur leur passage ; n'étaient-ils pas en train de transporter le corps du Christ ?

Le servant de messe ne voyait jamais la personne alitée. On le faisait attendre devant une porte, à travers laquelle il percevait les paroles de réconfort du curé et les quelques râles en retour de la bouche de la pauvre âme lâchée par son corps, mais que la foi en Dieu aidait peut-être à survivre.

Le jour de leur enterrement, le petit catholique avait le sentiment que l'on enterrait des fantômes.

21

Les petits catholiques apprenaient au catéchisme que l'onction des malades, ou extrême-onction, était le septième et dernier sacrement. On l'administrait au catholique avant qu'il ne passe de cette vie dans l'autre. Le petit catholique avait bien compris que se faire administrer cette onction, c'était terminer le voyage en bon catholique avec les meilleures garanties de filer droit au Ciel après le dernier soupir.

Il priait pour que chaque catholique puisse avoir la chance de se faire administrer cet ultime sacrement, car il avait appris que le prêtre faisait avec l'huile sainte des onctions sur les cinq sens du malade en disant :

– Que par cette onction et Sa très pieuse miséricorde, le Seigneur te pardonne les péchés que tu as commis par tes sens.

Il espérait au plus profond de lui-même que, lorsque son heure viendrait, un prêtre pourrait se précipiter à temps pour lui administrer le sacrement ultime. À quoi cela aurait-il servi d'avoir mené une vie catholique irréprochable pendant des dizaines d'années, si à la dernière heure il n'y avait aucun prêtre pour lui pardonner les derniers péchés commis par ses sens ? L'idée que le salut d'une âme pouvait dépendre de contingences comme une grippe du curé ou la batterie de sa 2 CV le troublait profondément. Mais il savait aussi que c'était la main divine qui décidait des transmissions de microbes de la grippe et que Dieu, s'Il le voulait, pouvait sans problème faire démarrer une 2 CV dont la batterie était à plat. Il en avait fait bien d'autres ! Il n'y avait donc qu'une seule solution : prier Dieu, prier encore, prier toujours...

Le petit catholique, qui savait que l'extrême-onction doit être donnée aux enfants dès qu'ils ont atteint l'âge de raison, était rassuré par le fait que ses parents habitaient à proximité immédiate du presbytère. Le curé avait également expliqué, au catéchisme, que l'on pouvait recevoir ce sacrement autant de fois qu'on était gravement malade. Le petit catholique avait donc décidé très jeune, vu l'enjeu du pardon des péchés commis par les cinq sens, que le jour où il se trouverait dans cette situation, il demanderait assez tôt un prêtre, quitte à le redemander plus tard. Car surveiller cinq sens à la fois, pour un malade qui sent la mort venir, cela doit être une tâche délicate.

Et on ne peut jamais avoir la certitude que l'un de vos cinq sens ne vous échappe et ne commette un péché malgré vous.

Ce sacrement s'administrait sans concours d'un servant de messe, ce qui ne dérangeait pas le petit catholique. Il était persuadé que, si l'on avait eu recours à ses services, on l'aurait sûrement fait attendre là aussi devant une porte close, au-delà de laquelle les catholiques adultes affrontaient le mystère de la mort à l'abri des oreilles et du regard intéressés des petits. C'est pourquoi ce sacrement a toujours conservé dans son esprit un caractère d'étrangeté.

En revanche, en tant que servant de messe, le petit catholique adorait les enterrements, car il y tenait une vraie place. Ses enterrements préférés étaient ceux qui se déroulaient un jour de classe. Parce qu'au plaisir de servir une messe d'enterrement venait s'ajouter celui de manquer l'école. Quand les enterrements se déroulaient un jour de classe, les servants de messe prenaient le temps, après la cérémonie, de plier les aubes avec un soin tout particulier avant de les ranger dans les placards de la sacristie, vérifiaient à plusieurs reprises que les bougies étaient bien éteintes, et poussaient le zèle jusqu'à jeter les fleurs fanées dans les vases disposés sur les différents autels de l'église, avant de se diriger d'un pas nonchalant vers l'école qu'ils atteignaient généralement, quand tout se passait bien, au début de la récréation de l'après-midi, étant bien entendu qu'après la récréation de l'après-midi, à part le dessin, le sport ou le chant, on ne faisait plus grand-chose.

Ce que le petit catholique aimait par-dessus tout aux enterrements, c'était de voir pleurer les adultes. Ces pécheurs du village, qu'il côtoyait quotidiennement absorbés dans des occupations banales, se montraient soudain vêtus de noir, pâles, les yeux rougis, prêts à éclater en sanglots.

Ses fonctions officielles de servant de messe le plaçaient à des postes d'observation privilégiés pendant les cérémonies. Il put ainsi repérer les moments où l'émotion était la plus intense.

Il y avait d'abord le sermon du curé, dont le petit catholique avait relevé qu'en ces circonstances il se composait toujours de deux parties. Durant la première partie, généralement brève, le curé parlait du mort, de sa vie de catholique, de ses enfants, de son métier, des guerres qu'il avait faites en bon chrétien et du bonheur qui avait été le sien de recevoir l'extrême-onction en temps et en heure. Les proches du mort écoutaient toujours cette partie du sermon avec une grande attention, comme si ces paroles avaient eu le pouvoir de le faire revivre, ne serait-ce qu'un instant. Ils sortaient leurs mouchoirs, s'essuyaient les yeux, reniflaient parfois bruyamment.

Puis venait la deuxième partie du sermon, que le curé introduisait toujours en disant que Dieu avait choisi de rappeler Son fils ou Sa fille. On abordait là un autre registre, celui de la signification religieuse de cette mort et de la mort en général.

Le petit catholique sentait immédiatement que cette partie serait bien plus longue que la première. Le curé expliquait une fois de plus à l'assemblée des pécheurs ce qu'était la mort pour un chrétien : tout simplement l'entrée dans la vie éternelle et le retour au Père des Cieux. Une chance, en quelque sorte. Et de rappeler la *Prière des mourants* : « Qu'aujourd'hui votre séjour soit dans la paix et votre demeure dans le Ciel. » Il n'y avait donc pas de quoi se lamenter, le Ciel étant la joie sans fin en Dieu, notre Père, comme il était écrit dans le catéchisme. Quant au pauvre corps enfermé entre quatre planches vernies recouvertes de couronnes, il ne faisait que retourner à la terre jusqu'à l'heure où Dieu le réunirait à l'âme pour toujours.

Car il était entendu que les corps ressusciteront à la fin du monde, quand notre Seigneur Jésus-Christ reviendra dans Sa gloire pour ressusciter les morts. Alors, rappelait le curé, les corps seront réunis à leurs âmes « dans la gloire ou dans la damnation ». Ce qui signifiait que la mort qui réunissait les pécheurs autour du cercueil de l'un des leurs n'était pas si tragique que cela, puisque l'âme de celui qui venait de la rendre était normalement au Ciel et qu'un jour, à la fin du monde, elle retrouverait son corps. Il n'y avait donc pas vraiment de souci à se faire pour elle. En revanche, les pécheurs présents avaient plutôt du souci à se faire pour eux-mêmes. Car que dira le Seigneur Jésus quand Il jugera les bons et les méchants ? Le curé le rappelait à chaque enterrement :

– Le Seigneur Jésus dira aux bons : « Venez, les bénis de mon Père, prendre possession du Royaume qui vous est préparé depuis la création du monde. » Il dira aux méchants : « Retirez-vous de moi, maudits, allez au feu éternel qui a été préparé pour le démon et ses anges. »

Pendant le sermon, les servants de messe étaient assis sur le côté du chœur, ce qui leur permettait d'observer toute l'assemblée. Le petit catholique voyait bien que les familles en deuil semblaient moins attentives durant la seconde partie du sermon.

Plus de mouchoirs, plus de reniflements, mais des regards perdus dans le vague. À quoi pensaient-ils alors ? Aux bons ou aux mauvais souvenirs avec celui dont il ne restait qu'un corps raidi entre quatre planches ? Avaient-ils des regrets ? Ou alors faisaient-ils dans leur tête des calculs sur le montant approximatif de l'héritage ? Le petit catholique aurait payé cher pour le savoir. Il lui semblait en tout cas que les paroles du curé, qui étaient pourtant des paroles de consolation et de réconfort, se perdaient dans le vide.

La mort était soudain devenue une abstraction voulue et contrôlée par les voies impénétrables du Seigneur. Une mort qui semblait ne plus avoir aucun rapport avec le pécheur enfermé dans le cercueil qu'on allait bientôt porter hors de l'église.

22

Peut-être s'étonnera-t-on de la fascination pour la mort et les enterrements de la part du petit catholique : si jeune, et déjà préoccupé par l'extrême-onction aux mourants ?

C'est dans les premières tranches de sa vie de petit catholique que l'on pourra en trouver l'explication. Alors qu'il avait à peine quelques semaines, le frère qui le précédait, âgé de trois ans, était décédé par accident dans des conditions particulièrement horribles.

Avant même d'être en âge de comprendre quoi que ce soit, le petit catholique avait senti la proximité de la mort et, quand il fut en âge de recevoir et de mettre en pratique les enseignements de la religion, il comprit l'importance que la mort de ce frère avait eue et aurait pour lui.

Ce frère s'appelait Georges, du nom du saint patron du village des pécheurs. Georges était déjà au Ciel avec les anges, cela ne faisait aucun doute. Il voyait tout ce qui se passait sur terre et en particulier tout ce que faisait son petit frère. La certitude que Georges était au Ciel découlait directement de l'enseignement du catéchisme, qui précisait que l'extrême-onction devait aussi être donnée aux enfants qui ont atteint l'âge de raison. Or le petit Georges, qui avait à peine trois ans, n'avait pas, à sa mort, l'âge de raison. Il était donc acquis que son âme était montée directement au Ciel.

Le petit catholique nourrissait une sorte de fierté d'avoir un grand frère, prénommé comme le saint patron du village, qui était déjà au Ciel parmi tous les anges et archanges. Mais il s'agissait aussi de se montrer digne de lui et de cette situation ; il était en effet le seul enfant du village des pécheurs à avoir un grand frère déjà au Ciel...

La tâche était d'autant plus difficile que Georges avait déjà été, d'après tous les témoignages, un ange sur terre, parlant très tôt le dialecte et le français, veillant jalousement sur son petit frère, charmant tout l'entourage familial. Les photos le montrant sur son lit de mort ou les boucles de cheveux blonds pieusement conservées par les parents en étaient les souvenirs les plus touchants.

Comment le petit catholique qui se savait pécheur, qui avait compris que le péché originel était attaché à chaque être humain – même aux catholiques qui se confessaient toutes les semaines –, comment allait-il faire pour être à la hauteur de ce que le Seigneur Tout-Puissant, son frère Georges et le curé du village des pécheurs attendaient de lui ?

La tâche était ardue. Mais il savait que, par la prière, et avec l'amour de Dieu, de Jésus et de la Vierge, il y parviendrait, tant son désir de ne pas décevoir son grand frère était fort. Il apprit par cœur les prières essentielles. Celle du matin : « Grand Dieu, mon Père, je me fais tout petit devant Vous, merci pour cette journée que Vous me donnez encore, je Vous appartiens tout entier et pour toujours. »

Et le soir, il se faisait de nouveau tout petit devant le Seigneur, Le remerciant pour la belle journée qu'il n'avait sûrement pas méritée, et implorant Jésus de rester avec lui car il se faisait nuit.

Y avait-il dans sa manière de s'adresser à Dieu trop d'insistance, de crispation ? Était-il trop tiède ? Aurait-il dû prier encore plus ? Il ne le saurait jamais. La seule chose qu'il put constater, c'est que, malgré sa volonté farouche d'être digne de ce frère qui était déjà au Ciel, il commit un péché d'une gravité considérable.

Un péché qui aura fait pleurer la maman du petit catholique, mis son papa dans une rage inouïe et laissé des marques définitives dans l'âme du petit catholique et sur le corps du Christ Lui-même.

23

En automne, les viticulteurs du village des pécheurs avaient l'habitude de brûler les sarments séchés qu'ils avaient entassés au bord des chemins au moment de la taille des vignes.

On voyait alors un peu partout, sur les collines entourant le village, des nuages de fumée s'élever dans le ciel et se confondre parfois avec les brumes de novembre quand le soir tombait.

À la sortie de l'école, tous les petits catholiques du village couraient rejoindre leurs pères dans les vignes, attirés par le mystère du feu ou excités à l'idée de faire dès leur plus jeune âge des gestes qui désormais seraient les leurs pour le reste de leur vie.

Le père du petit catholique, n'étant pas viticulteur, privait ainsi son fils du plaisir de le rejoindre, d'alimenter le feu, de se laisser aller à la fascination des flammes. Il y avait dans le village un seul autre garçon, à peine plus jeune, auquel il a déjà été fait brièvement allusion, qui se trouvait dans la même situation.

Le nom de ce petit garçon ne peut être cité, vu l'énormité du péché que vont commettre conjointement les deux petits catholiques. Nous l'appellerons donc le petit catholique anonyme.

Mais c'est le petit catholique non anonyme, et lui seul, qui fut à l'origine du drame. C'est lui qui trouva dans la rue de l'église une boîte d'allumettes détrempée. C'est lui qui constata que ces allumettes étaient trop humides pour pouvoir s'allumer. C'est encore lui qui cacha la boîte sous un meuble de la *stub* surchauffée. C'est lui, toujours, qui fit un beau jour le constat, ô combien démoniaque, que les allumettes pouvaient de nouveau jouer leur rôle d'allumettes.

C'est lui enfin, inspiré probablement par Lucifer en personne, qui fit au petit catholique anonyme la proposition diabolique.

– Ça te dirait pas qu'on aille *fiirla* tous les deux, un de ces jours après l'école ?

Il est des mots qui conduisent droit au péché. Des mots qui ont le péché chevillé au corps. Il s'agit le plus souvent, bien sûr, de mots liés au péché d'impureté par pensée, parole ou action. Mais ceux-là se repèrent facilement et le bon catholique les évite en général sans trop de difficultés, pour peu qu'il se confesse et communie régulièrement, bien sûr. Mais les mots dangereux peuvent aussi revêtir l'habit de la plus grande innocence.

Le mot *fiirla* est justement de ceux-là. Inutile de chercher des équivalents dans des langues importantes. Faire du feu ou *Feuer machen*, qui se rapprochent de *fiirla*, se contentent de décrire de manière parfaitement ennuyeuse une action précise, sans la moindre indication de sa dimension ludique.

Alors que *fiirla*... ! Un mot comme celui-là, il suffit de le laisser se glisser dans sa bouche – *fiirla* – pour sentir instantanément l'innocence, le plaisir de faire un petit feu, avec juste une fine colonne de fumée qui s'élève tout droit dans le ciel gris de novembre. Un foyer suffisant pour se réchauffer les doigts engourdis par la fraîcheur de l'automne. Un petit feu qui procure un immense plaisir.

C'est de ce mot-là – *fiirla* – que le petit catholique et son anonyme camarade devinrent les malheureuses victimes. Le petit catholique anonyme, qui était lui aussi privé d'un vrai père, d'un père capable de *fiirla* avec son fils le soir à la sortie de l'école, manifesta immédiatement son enthousiasme.

À l'entrée du village, au lieu-dit *Deere Buckel*, la Butte desséchée, il y avait une immense meule de foin, haute comme une maison. En ce temps-là, les vignerons avaient tous des bêtes à l'étable, mais pas assez de place dans leurs granges pour entreposer le foin. Ils entassaient donc leurs réserves de foin à l'entrée du village, au *Deere Buckel*, où ils venaient s'approvisionner au fur et à mesure de leurs besoins.

Devant cette meule se dressait l'un des nombreux calvaires en pierre que les pécheurs avaient construits à différents endroits du ban communal, après les troubles de la Révolution, pour remercier Dieu d'avoir remis la France dans le droit chemin. C'est au sommet de cette meule que les deux petits catholiques décidèrent de *fiirla*. C'est au sommet de cette meule qu'ils commirent de concert leur immonde péché.

Il faudrait en fait parler de péchés immondes, tant furent nombreuses les règles divines transgressées l'espace d'un instant, ce jour-là, par les deux jeunes pécheurs.

Ils savaient que, pour *fiirla* avec bonheur, il faudrait choisir un endroit bien adapté. Le *Deere Buckel*, la Butte desséchée, leur apparut immédiatement comme un lieu prédestiné. S'il s'était appelé *Fichtes Loch*, Trou humide, ils auraient probablement cherché ailleurs. Ils savaient également qu'il leur faudrait des combustibles desséchés qui prendraient feu facilement. Il leur sembla qu'une meule de foin pourrait convenir.

C'est donc tout naturellement que l'idée de *fiirla* au sommet de la meule du *Deere Buckel* s'imposa aux deux garçons. Il était important pour eux que cela se fasse au sommet de la meule, car ainsi la fumée pourrait monter plus haut dans le ciel.

Il était bien entendu entre eux qu'ils ne feraient qu'un tout petit feu, comme ceux des pères de leurs camarades d'école, avec juste un petit foyer, mais une fumée qui monterait plus haut dans le ciel puisqu'elle partirait de plus haut...

La meule se transforma instantanément en un gigantesque brasier, l'aventure en cauchemar. Les jeunes pécheurs dévalèrent la meule et s'enfuirent, terrorisés.

Ils avaient senti la chaleur brûlante du feu. Ils avaient vu en se retournant l'immensité des flammes. Et surtout ils avaient entendu leur ronflement. Ils ignoraient qu'un tel bruit pouvait seulement exister sur terre. Ce grondement sourd et puissant venait d'ailleurs. Il venait des entrailles de la terre. Ils n'osaient pas se l'avouer, mais chacun de son côté le savait bien : ces flammes étaient les flammes de l'enfer.

Le petit catholique pleurait, en courant, tout ce que son petit corps d'enfant pouvait produire de larmes. Soudain il réalisa que Georges, là-haut, avait tout vu, que Georges devait pleurer lui aussi d'avoir comme petit frère un grand pécheur. Les sanglots qui s'emparèrent alors de lui furent d'une telle violence qu'il dut s'arrêter de courir.

Noël arriva peu après. *Il est né, le divin enfant* ; *O Tannenbaum*... Famille rassemblée autour de l'arbre de Noël. Cadeaux sous le sapin pour tout le monde, sauf pour le petit incendiaire démoniaque. La réponse aux proches qui viennent lui apporter un cadeau : « Non, cette année, il n'aura rien ».

– Et maintenant, tu vas dire : « Petit Jésus, je Te jure... »

– Petit...

– Plus fort ! Tu crois que le petit Jésus t'entend ?

– Petit Jésus, je Te jure...

– Que jamais plus...

– Que jamais plus...

– Plus fort !

– Que jamais plus...

– Je mettrai le feu...

– Je mettrai le feu...

– À une meule de foin...

– À une meule de foin...

Il était temps que la cérémonie expiatoire s'achève. Le petit catholique avait déversé toutes ses larmes. Sa mère aussi pleurait. Il le savait. Il la sentait pleurer dans son dos. Les petits catholiques avaient parfois des mères très aimantes.

Le calvaire en pierre qui se dressait devant la meule de foin avait été complètement noirci par les flammes. Les pécheurs décidèrent alors de recouvrir au moins le corps du Christ d'une couleur jaunâtre. Le *Deere Buckel* présentait donc cette particularité d'offrir à la vue du passant un Christ repeint à neuf sur une croix de pierre noircie par les flammes.

Mais la peinture régulièrement s'écaillait, laissant apparaître de nouveau, peu à peu, un corps du Christ toujours aussi calciné.

Ainsi, au fil des ans, entendait-on souvent dans le village des pécheurs un dialogue difficile à comprendre pour un étranger :

– On devrait repeindre le corps du Christ sur le *Deere Buckel*.

– Déjà ? On l'a fait il y a tout juste un an !

– Avec un automne humide comme celui qu'on a eu l'an dernier, la peinture s'écaille plus vite. Là, tu n'y changeras rien.

24

Le curé du village des pécheurs était un très saint homme. Cela se voyait au premier coup d'œil.

Le petit catholique avait eu l'occasion de croiser d'autres curés de campagne. Certains, bien en chair, montraient par la rougeur de leur visage que leur consommation de vin ne se limitait pas au vin de messe. D'autres fumaient jusqu'à deux paquets de Gitanes papier maïs par jour. D'autres encore possédaient des voitures bien plus puissantes que la minuscule 2 CV grise de son curé.

Pendant près de quarante ans, ce prêtre eut la lourde charge de veiller au salut des trois cents pécheurs du village.

C'était un petit homme maigre au visage émacié. Il mangeait peu et se forçait à boire le vin de messe qu'il mélangeait avec beaucoup d'eau. Le petit catholique était bien placé pour le savoir : chaque fois qu'il servait la messe et qu'il versait le vin et l'eau de ses burettes dans le calice en or, le curé l'arrêtait de la main quand il versait le vin.

Le village était marqué en profondeur par sa présence, et les habitants des villages voisins ricanaient en parlant du village des pécheurs. Ils prétendaient qu'il suffirait d'entourer ce petit village d'une muraille pour le transformer en couvent !

Le petit catholique se rendait souvent au presbytère, qui jouxtait la maison de ses parents. Il y régnait une ambiance feutrée et silencieuse que l'on ne retrouvait dans aucune autre maison du village.

Un matin, à l'heure du petit déjeuner, le petit catholique surprit son curé en train de tremper une biscotte dans son café au lait. Cette vision l'avait marqué sans qu'il sache pourquoi. Était-ce parce que le curé avait une serviette coincée dans le haut de sa soutane et qu'à ce moment de la journée il n'avait pas encore mis son col dur et blanc dans lequel on avait l'habitude de le voir ? Ou parce qu'il se sustentait comme un pécheur ordinaire ?

Dans son bureau, juste à côté du prie-Dieu recouvert de velours rouge, était accrochée la photo sous verre d'un prêtre souriant au visage très mince, la tête légèrement penchée. Sous la photo, ce commentaire :

Jean Baptiste Marie VIANNEY
Curé d'Ars – 1786-1859
Son visage creusé s'éclaire d'un sourire où l'âme affleure.

Le curé d'Ars était mort depuis longtemps lorsque le petit catholique fit sa connaissance. Mais grâce au curé du village, qui le vénérait profondément et l'évoquait très souvent, grâce aux nombreux livres, illustrés pour la plupart, que le curé lui prêtait, il avait le sentiment d'une proximité particulière avec ce saint. Car, bien sûr, le curé d'Ars avait été canonisé, ce qui est quand même normal pour qui connaît sa vie.

Il était né dans une famille très pauvre dans un village de la région lyonnaise, juste avant la Révolution française. Au début de sa vie de catholique, il n'avait vraiment pas eu de chance : la France était en pleine période révolutionnaire, les prêtres en place étaient asservis aux nouveaux maîtres du pays, des athées qui cassaient les statues des saints et incendiaient églises et couvents. La vie religieuse était pratiquement inexistante.

Mais il avait une maman très gentille et très pieuse. Tous les soirs, ils récitaient ensemble plein de *Je vous salue Marie*, main dans la main. Très jeune, il avait d'ailleurs voué sa piété à la Sainte Vierge. Les seuls jeux auxquels il participait, c'étaient des processions. C'était toujours lui qui jouait le rôle du prêtre, bien sûr !

Quand il est devenu vraiment curé, à Ars, les choses se sont compliquées parce que cette paroisse de deux cent trente âmes (un peu moins que dans le village des pécheurs) perdue dans la campagne lyonnaise, du fait principalement des effets néfastes de la Révolution, avait oublié jusqu'à l'existence même du Créateur. C'est bien simple, les jeunes du village, qui avaient grandi sous la période révolutionnaire, n'avaient qu'une idée en tête : danser !

Mais leur nouveau curé n'aimait pas la danse car, disait-il, « la danse, c'est la corde par laquelle le démon traîne plus d'une âme en enfer ».

Le curé du village des pécheurs n'aimait pas non plus la danse. Quand il y avait la fête au village, la *kilbe*, il faisait toujours une allusion à la danse dans son sermon. Il disait que ce n'était pas la danse directement qui était dangereuse, mais ce qu'elle pouvait entraîner. Le petit catholique avait bien deviné ce que son curé entendait par là. Il avait lu que le curé d'Ars parlait de ceux qui étaient « maudits de Dieu pour deux minutes de plaisir ».

Le petit catholique ne savait pas exactement en quoi consistait ce plaisir, mais il trouvait qu'il fallait être complètement fou pour se faire maudire de Dieu pour un plaisir qui durait juste deux minutes !

En définitive, à la *kilbe* du village des pécheurs, les pécheurs dansaient pendant que leur curé priait pour eux. Mais le petit catholique savait bien que son curé souffrait de ne pas parvenir au même résultat que le saint curé d'Ars : alors qu'à son arrivée à Ars les bals se succédaient de semaine en semaine, au bout de vingt-cinq ans il n'y en avait plus un seul dans l'année... Plus un seul bal !

25

Il faut dire que l'on avait vite compris, dans la région d'Ars, que ce curé-là avait la stature d'un saint : très rapidement, les conversions et les guérisons de malades se multiplièrent à Ars, qui devint petit à petit un lieu de pèlerinage universellement connu.

Le confessionnal du curé d'Ars était littéralement assiégé ; certains jours, il y passait jusqu'à dix-sept heures d'affilée !

Mais, comme on pouvait s'y attendre, le diable – le grappin, comme l'appelait le curé d'Ars – n'appréciait pas beaucoup cette confirmation éclatante de l'existence de Dieu, ce rayonnement nouveau de l'Église de Rome.

Le diable avait peut-être eu la naïveté de penser que les connaissances scientifiques, qui avançaient alors à grands pas, finiraient par ébranler l'Église des successeurs de Pierre. Mais le curé d'Ars était la preuve vivante que le Dieu des catholiques était bien le maître du Ciel et de la terre.

Alors bien sûr, le diable s'était acharné contre le pauvre curé. En pleine nuit, pendant des années, il se manifestait au presbytère, en y faisant un vacarme épouvantable, privant ainsi le curé d'Ars des quelques heures de sommeil dont il aurait eu tellement besoin après toutes ces heures passées au confessionnal. Au début de ces manifestations du grappin, l'un ou l'autre paroissien avait proposé au curé de rester à ses côtés. Mais le vacarme du démon était tellement insupportable qu'ils fuyaient le presbytère les uns après les autres.

L'un d'eux, nommé Verchères, s'était même caché dans le grenier du presbytère, armé d'un fusil. Dans l'un des livres sur le curé d'Ars que le curé du village des pécheurs avait prêtés au petit catholique, on voyait la photo de ce fusil, avec le commentaire suivant: «Le fusil du pauvre Verchères, qui avait si peur dans son grenier... »

Le curé d'Ars avait ceci de commun avec le curé du village des pécheurs qu'il ne mangeait presque rien. Il arrivait qu'on dût le porter à demi-mort du confessionnal au presbytère, parce qu'il était sous-alimenté.

Et, comme si cela ne suffisait pas, il se frappait la nuit avec des chaînes et des pointes de fer. Le curé d'Ars devait trouver injuste que Jésus eût été le seul à souffrir pour tous nos péchés.

Le petit catholique partageait avec son curé cette fascination pour le curé d'Ars.

– Sais-tu que le Saint-Père a proclamé le curé d'Ars «patron des curés de paroisse»?

– Je l'ignorais, monsieur le curé, mais cela ne m'étonne absolument pas!

Le petit catholique avait commencé par lire la vie du saint sous forme de bandes dessinées dans *Cœurs vaillants*, son magazine préféré. Puis le curé du village des pêcheurs lui avait fait lire des ouvrages plus sérieux, avec peu d'images et beaucoup de texte.

C'est ainsi qu'il découvrit que le curé d'Ars avait une curieuse façon de parler du corps. Quand il parlait du sien, il disait: «Mon cadavre»! Il disait aussi: «Notre corps n'est qu'un tas de pourriture: allez voir au cimetière ce qu'on aime quand on aime son corps!» Ou encore: «Notre corps est une fosse de corruption; il est pour la mort et pour les vers, pas plus!»

Bien sûr, le petit catholique ne se serait jamais permis de juger un saint qui avait fait tant de miracles et qui était à l'origine de tant de conversions. Le petit catholique n'était pas stupide; il savait bien que, si le diable n'arrêtait pas d'embêter le saint homme en pleine nuit, c'est qu'il avait d'excellentes raisons de le faire.

Mais quand même. Il s'étonnait secrètement que les lèvres du tableau accroché dans le bureau de son curé eussent pu aller jusqu'à prononcer de telles paroles, alors que, lorsque ces mêmes lèvres souriaient, elles faisaient affleurer l'âme...

26

Le curé d'Ars était mort depuis longtemps. L'Église avait d'ailleurs célébré avec grande solennité le centenaire de sa mort alors que le petit catholique avait une dizaine d'années.

Mais un autre prêtre, qui lui ressemblait énormément, et dont le petit catholique avait fait la connaissance par les livres et les revues, était toujours en vie : Padre Pio.

Padre Pio était né en Italie, dans les Pouilles, un siècle après le curé d'Ars. Le petit catholique s'était pris d'une véritable passion pour ce Padre Pio dont il sentait bien la ressemblance avec le curé d'Ars. La grande différence entre les deux, bien sûr, c'est que Padre Pio, lui, était toujours en vie.

Ils étaient nés tous deux dans des familles très pauvres ; tous deux aimaient énormément, dès leur plus jeune âge, et leur maman et la Sainte Vierge Marie, Mère de Dieu toujours vierge.

Comme le curé d'Ars, Padre Pio était prisonnier de son confessionnal. Pour pouvoir se confesser chez lui, il fallait s'inscrire trois ou quatre jours à l'avance !

Comme le curé d'Ars, Padre Pio ne mangeait guère. Il lui arrivait de ne rien avaler, à part la sainte communion bien sûr, pendant vingt et un jours. Et quand ses supérieurs du couvent lui ordonnaient de s'alimenter, il rejetait la nourriture !

Padre Pio a également réalisé énormément de miracles dans sa vie. Le petit catholique s'est d'abord refusé à croire que, des miracles, Padre Pio en avait réalisé plus à lui tout seul que tous ceux comptabilisés à Lourdes ! Il était très humble et insistait toujours pour dire que ce n'était pas lui, mais Dieu, à travers lui, qui faisait ces miracles. N'empêche que c'est quand même lui qui les faisait !

Dans les livres et revues qui parlaient de Padre Pio, le petit catholique était tombé sur deux mots tellement difficiles qu'ils ne figuraient même pas dans son dictionnaire. Il y avait d'abord le mot « bilocation ». Parce que Padre Pio faisait de la bilocation. C'est-à-dire qu'on pouvait le voir en même temps dans deux endroits différents. Par exemple, pendant qu'il était à San Giovanni Rotondo en train de confesser à la chaîne, on le voyait apparaître en Amérique latine pour faire un miracle ! L'autre mot incroyablement difficile était « thaumaturge », ce qui signifie « qui fait des miracles ». Le petit catholique se demandait vraiment pourquoi on avait inventé de tels mots. Pourquoi ne pas dire simplement « celui qui fait des miracles » ?

Il avait lu et relu dans un livre illustré, *Les Miracles du Padre*, un miracle qui l'avait tellement marqué qu'il aurait pu le raconter par cœur.

C'était l'histoire d'un ingénieur nommé Todini, venu de Rome rendre visite au Padre. Au moment où l'ingénieur prenait congé de lui pour rejoindre le village distant du couvent de deux kilomètres, ils s'aperçurent qu'il pleuvait à verse. L'ingénieur ne put dissimuler sa contrariété :

– Et moi qui n'ai pas de parapluie ! dit-il au Padre. Ne pourriez-vous pas me garder ici jusqu'à demain, sinon je serai *inzupato come un pulcino* ?

(Ce qui, en italien, signifie « trempé comme un poussin », expression que le petit catholique préférait largement à « trempé comme une soupe » ou *pflatsch nass*, comme on aurait dit au village des pêcheurs.)

Mais l'ingénieur Todini venait de Rome ; il courait donc le risque d'être trempé comme un poussin.

– Non, mon fils, tu ne peux pas passer la nuit au couvent, mais n'aie crainte, je t'accompagnerai !

Todini remonta alors son col, mit son chapeau et s'enfonça dans la nuit. À peine sorti du couvent, il constata que l'averse avait brusquement cessé. Lorsqu'il arriva chez les braves gens qui lui avaient loué une chambre, il entendit la femme s'écrier :

– *Madona mia*, vous devez être trempé comme un poussin (*come un pulcino*) !

– Pas du tout, répliqua l'ingénieur, il ne pleut presque pas.

Les paysans se regardèrent, stupéfaits :

– Comment cela, il ne pleut presque pas ? Mais c'est un vrai déluge !

Ils sortirent alors tous trois sur le pas de la porte, pour constater qu'il pleuvait à verse.

– Il pleut à torrents depuis une heure sans arrêt. Qu'avez-vous fait pour passer à sec ?

– Padre Pio m'a dit qu'il m'accompagnerait...

– Ah ! Si Padre Pio vous a dit cela…, répondit le vieil homme.

– La compagnie de Padre Pio vaut tous les parapluies ! conclut sa femme.

À côté du texte de cette histoire, on voyait Todini marcher en pleine nuit. Partout autour de lui, il tombait des cordes, mais on avait l'impression qu'il était protégé par un parapluie invisible qui avançait à la même allure que lui, au-dessus de sa tête. Et tout en haut, dans un coin de l'image, on voyait ce sacré Padre Pio avec un petit sourire malicieux aux lèvres, tout content d'avoir fait une bonne blague à l'ingénieur.

Mais ses miracles les plus grandioses étaient ses conversions, évidemment ! Padre Pio a conduit vers l'Église, en dehors de laquelle il n'y a pas de salut, tant et tant d'âmes égarées... Il avait une préférence toute particulière pour les conversions de protestants, d'athées virulents et de francs-maçons.

Le petit catholique s'était fait expliquer par son curé ce qu'étaient les francs-maçons : des ennemis de Dieu qui demandaient à certains petits catholiques, auxquels ils donnaient plein de bonbons et de Carambar, de ne pas avaler le corps du Christ pendant la communion, mais de le garder en bouche. Il fallait juste faire semblant d'ingurgiter l'hostie, puis mettre ses mains devant son visage comme si on priait très intensément, ce qui était facile, puisque après avoir communié on se met toujours à genoux. Dans cette position, on peut aisément pousser l'hostie hors de la bouche avec le bout de la langue, puis la mettre dans sa poche. À la sortie de l'église, les francs-maçons attendaient les petits catholiques, dissimulés derrière des massifs de lauriers. Les petits catholiques leur remettaient alors le corps du Christ et recevaient de nouveau en échange des poignées de bonbons et de Carambar.

Après cela, les francs-maçons s'éloignaient vite, car ils savaient bien qu'ils étaient malhonnêtes et fourbes. Puis ils transperçaient ces hosties – le corps du Christ, donc – avec des aiguilles, uniquement pour faire souffrir Jésus.

C'étaient des gens de cette espèce que Padre Pio aimait à convertir par-dessus tout !

Qui s'étonnera que, dans ces conditions, le diable vînt l'agresser régulièrement en pleine nuit ? Comme le curé d'Ars. Combien de fois les religieux de son entourage l'ont-ils vu arriver le matin, couvert de balafres et de griffures ! Ils ne disaient mot, mais savaient à quoi s'en tenir, surtout lorsqu'ils voyaient Padre Pio se plonger dans une prière dont la force étonnait toutes les personnes présentes.

C'est Benoît XV qui était pape lorsque Padre Pio commença à faire parler de lui... Le curé leur avait d'ailleurs expliqué que Benoît XV était un très grand pape, qui avait tout fait pour éviter la Première Guerre mondiale et qui ne voulait pas qu'on utilise des gaz au combat. Alors que certains prélats italiens soupçonnaient le Padre de charlatanisme, le Saint-Père répondait : « Padre Pio est vraiment un homme de Dieu ! »

27

Le curé du village des pécheurs était un saint homme. Sa sainteté lui conférait une autorité indiscutable sur tous les pécheurs adultes du village. Mais la plupart des enfants des pécheurs semblaient indifférents à sa piété. Les jeux de billes dans la cour de l'école les passionnaient bien plus que le mystère de la Très Sainte Trinité. Aussi les cours de religion, dispensés sous le crucifix de l'école communale, ressemblaient-ils bien plus à une cour de récréation qu'à une assemblée d'enfants catholiques avides de parole divine.

Seul le petit catholique, au premier rang, essayait de le comprendre, ce mystère de la Très Sainte Trinité, ou celui de la Grâce Sanctifiante. Ses camarades, bien plus délurés que lui, n'avaient aucun intérêt pour ce genre de questions théologiques.

Il est arrivé une seule fois qu'une leçon de catéchisme se déroulât dans un calme absolu, qui avait d'ailleurs inquiété tous les voisins immédiats de l'école; ils pensaient qu'un incident grave s'était produit à l'école.

Il s'agissait de la leçon au cours de laquelle le curé du village des pécheurs raconta aux fils des pécheurs son voyage en Italie, notamment à San Giovanni Rotondo, le village où résidait Padre Pio.

Au bout de quatre jours d'attente, le curé du village des pécheurs avait fini par pouvoir se confesser à Padre Pio en personne !

– Qui connaît le mot « stigmate » ? demanda le curé en début de leçon.

– Les stigmates, c'est quand quelqu'un a des marques sur son corps aux endroits où Jésus saignait quand ils L'ont crucifié, répondit le petit catholique, qui avait déjà lu plusieurs volumes de la collection « La Vie des saints », dont celle de saint François d'Assise, un des stigmatisés les plus célèbres.

– Très bien, répondit le curé, heureux de vérifier que les ouvrages qu'il donnait à lire au petit catholique éveillaient son intelligence religieuse. On a répertorié une bonne cinquantaine de stigmatisés dans l'histoire de l'Église. Et comme vous le savez, à l'heure actuelle, le stigmatisé le plus célèbre, toujours en vie, est un prêtre italien, Padre Pio, que votre curé a rencontré et auprès duquel il a même pu se confesser.

Le curé raconta alors en détail son voyage en Italie, en faisant circuler de table en table des cartes postales illustrant les différentes étapes de son périple. Il disait que, quand on était dans la basilique Saint-Pierre de Rome, on comprenait vraiment le sens de la parole divine : « Tu es Pierre, et sur cette pierre je bâtirai mon Église. » Il expliquait que la foi des Italiens devrait servir de modèle à tous les catholiques de la terre, même s'ils étaient peut-être un peu trop expansifs à son goût.

Mais c'est quand il parla de Padre Pio que le silence, qui devait tant inquiéter les voisins de l'école, s'installa véritablement.

Padre Pio avait vingt-huit ans quand les premiers stigmates, aux mains d'abord, sont apparus. Il éprouvait alors de telles douleurs qu'on le dispensa de messe. À l'âge de trente et un ans, il ne pouvait déjà plus fermer le poing et, à trente-sept ans, on lui interdit définitivement d'écrire.

Puis sont apparus les stigmates aux pieds, toujours aussi douloureux.

– Mais, monsieur le curé, il peut encore marcher ?

– Je l'ai vu marcher pour aller au confessionnal ou pour atteindre l'autel pour la Sainte Messe. Il marche d'un pas très hésitant. On dirait un infirme. Il ne faut pas oublier que ses pieds sont transpercés. Complètement transpercés !

– On voit son sang ?

– Il porte des gants aux mains, qu'il doit laver plusieurs fois par jour. Il les enlève pendant la messe, pour lever la patène. On voit alors ses mains sanguinolentes et son sang qui coule par minces filets le long de ses doigts. À cet instant précis, son visage devient lumineux, tout son être se détend. L'assistance sent alors qu'il est en communion complète avec le Christ.

Le curé profita de l'intérêt suscité par son récit et de la concentration tout à fait inhabituelle des fils des pécheurs ; il les invita immédiatement à ne plus jamais bavarder pendant la messe de leur curé, à écouter le sermon, et surtout à être, comme Padre Pio, véritablement en communion avec le Christ. Mais très vite on l'interrompit par de nouvelles questions plus précises encore.

– Combien de sang perd-il en un jour ?

– Environ le contenu d'une tasse. Il change plusieurs fois par jour les pansements qu'il lave lui-même. L'Église a bien entendu interdit la vente de pansements tachés du sang de Padre Pio pour éviter les superstitions et le commerce.

– Il se fait examiner par des docteurs ?

– Évidemment ! L'Église veut éviter toute forme de superstition, et elle a bien raison. Les ennemis de l'Église sont tellement contents de pouvoir se moquer ! Alors, elle le fait examiner par des médecins qui ne sont même pas catholiques. Exprès, bien sûr. Pour qu'après les gens ne viennent pas dire que les médecins ne sont pas objectifs. Les médecins lui font toujours horriblement mal quand ils veulent vérifier qu'il n'y a pas de chair à l'endroit où étaient plantés les clous dans le corps du Christ. Ils lui font mal parce qu'ils appuient toujours leurs doigts des deux côtés de la plaie.

– Et après, ces médecins, ils disent quoi ?

– Ils parlent toujours d'« étranges lésions qui persistent sans jamais s'infecter et sans la moindre suppuration ». Il est évident que quelqu'un qui ne croit pas en Dieu, qui se refuse par orgueil à reconnaître la Toute-Puissance divine et à s'en remettre à notre Sainte Mère l'Église, que quelqu'un qui ne veut pas reconnaître que Dieu a envoyé Son fils sur terre pour Se faire crucifier pour nos péchés, est extrêmement embarrassé quand il se trouve face à Padre Pio, preuve vivante de la Toute-Puissance divine !

Dès qu'il n'y avait plus de description sanguinolente, mais que l'on revenait à la signification théologique de tout ce sang versé, l'agitation habituelle de la leçon de catéchisme reprenait le dessus. Le curé sut alors faire preuve d'un sens pédagogique extrêmement subtil.

– En plus des stigmates sur chaque main et sur chaque pied, il en a un sur le côté droit de sa poitrine, à l'endroit précis où un soldat romain avait donné un coup de lance au Christ. Eh bien, à cet endroit, Padre Pio a une entaille profonde qui saigne abondamment. Il lui faut changer de linge plusieurs fois par jour, d'autant plus que son sang ne se coagule jamais. Et savez-vous ce qui a le plus marqué tous les gens qui l'ont approché ?

– Qu'il fait des grimaces parce qu'il a mal ?

– Pas du tout ! Ce qui frappe tous les gens qui l'approchent – mais toi, tu le sais déjà puisque tu as beaucoup lu sur Padre Pio –, dit-il au petit catholique, c'est que son sang dégage un parfum tellement agréable que tous ceux qui l'ont senti une fois dans leur vie ne peuvent plus jamais l'oublier.

Les fils de pécheurs en restèrent bouche bée.

Le curé, qui n'était pas habitué à tant d'attention de leur part, reçut ce silence comme un don de Dieu, un miracle supplémentaire de Padre Pio.

– Et n'oubliez jamais ce que Padre Pio répète inlassablement à tous ceux qui le rencontrent : « La pire insulte que nous puissions faire à Dieu, c'est de douter de Lui. »

28

La communion solennelle est, pour tout catholique, un moment très important de sa vie religieuse. Le petit catholique avait attendu le jour de la sienne avec une grande impatience. Mais la journée fut assombrie par deux fâcheux contretemps.

Le premier concernait la montre, cadeau qu'il avait prévu. Évidemment. Mais le malheur, c'est qu'on lui en avait offert deux ! Deux montres ! Que pouvait-il bien faire de deux montres ? L'une des deux le privait de manière évidente d'un autre cadeau d'importance. Et puis, le fait d'avoir deux montres anéantissait la valeur de chacune d'elles. Comment les adultes pouvaient-ils être si stupides ?

La deuxième contrariété était plus profonde encore. Il savait que son cadeau le plus spectaculaire serait une bicyclette neuve. On lui offrit bien une bicyclette neuve. Mais lorsqu'il en déchira fiévreusement le carton d'emballage, il eut du mal à retenir ses larmes : la bicyclette qu'on lui offrait avait un guidon droit, genre bicyclette de grand-père, alors que tous ses copains avaient bien sûr des demi-courses au guidon recourbé, comme ceux des coureurs du Tour de France.

Tout le monde lui disait: «Mais ce n'est pas grave! Ce n'est pas grave du tout!», ce qui le contrariait encore plus. Qu'est-ce qui autorisait les adultes à décider de ce qui était grave ou non pour lui?

Ses parents étaient convenus avec la bonne du curé que, le soir de sa communion solennelle, le jeune communiant dormirait au presbytère. Les invités risquaient de faire la fête jusqu'à une heure avancée de la nuit dans la maison familiale, ce qui l'aurait empêché de dormir et d'être frais et dispos pour les offices du deuxième jour des fêtes religieuses.

Ainsi, à l'instant précis où sa fête commençait à présenter un certain intérêt – son parrain venait de monter sur une chaise et d'entamer *Heute blau, morgen blau, und übermorgen wieder*, une chanson à la gloire du vin et de l'ivresse –, on l'invita à rejoindre le silence glacial du presbytère.

Le curé n'était pas encore couché, il préparait son sermon pour le lendemain.

– Vois-tu, dit-il au petit catholique, celui qui choisit de consacrer sa vie à notre Seigneur ne peut pas participer aux réjouissances familiales. Pendant que les autres s'amusent, il prépare son sermon et prie pour tous les pécheurs, dans le silence de sa cure.

Ce soir-là, le petit catholique mit longtemps à s'endormir dans la chambre inconnue de l'immense presbytère, celle peut-être où dormait monseigneur l'évêque lors de ses tournées pastorales. Ce silence l'oppressait lourdement. «C'est donc ainsi que s'achève le plus beau jour de ma vie?» pensa-t-il. Car ses parents avaient fait imprimer une image sainte en souvenir de sa communion. On y voyait sa photo en aube blanche, avec la date de l'événement et ce commentaire sans appel: «Le plus beau jour de ma vie.»

Il savait qu'il aurait dû rendre grâce au Seigneur, prier intensément avant de s'endormir pour tous ceux qui l'avaient si généreusement gâté, lui qui n'était sûrement pas digne de recevoir tous ces cadeaux. Malgré tous ses efforts, cela lui fut impossible. La contrariété de la montre et du vélo, l'ambiance du presbytère, l'humidité de la pièce l'en empêchaient.

Et, en plus, lui revenaient régulièrement en mémoire les propos de l'épicière du village :

– Ah ! tu sais, la communion, c'est vraiment le plus beau jour de la vie ! Après, le mariage et tout ça, c'est déjà autre chose, tu verras...

En disant cela, elle l'avait regardé avec tendresse en secouant la tête.

– ... Combien tu veux de tranches de jambon ?

Le petit catholique n'avait pas compris à quoi l'épicière faisait allusion. Mais il avait senti qu'elle disait une chose importante et que, dorénavant, la vie ne serait pas toujours facile pour lui.

«Si c'est aujourd'hui le plus beau jour de ma vie, pensa-t-il, je me demande bien ce qui m'attend pour la suite. Le plus beau jour de la vie d'un catholique serait donc le jour où on lui offre deux montres, et un vélo avec un guidon tellement ridicule qu'il n'aura pas le courage de le montrer à ses copains ?»

Il savait bien qu'il aurait dû prier, demander pardon à Dieu parce qu'il avait l'esprit occupé par des soucis purement matériels, alors que ce qui comptait, c'étaient la pureté et le salut de son âme. Mais au lieu de louer le Seigneur et d'implorer Sa miséricorde, il se laissa gagner par un sentiment d'immense tristesse qui ne l'avait pas abandonné lorsqu'il finit par s'endormir dans les draps amidonnés du presbytère.

29

À Rome, le Saint-Père avait bien compris que la crise des vocations était une crise grave. Une des crises les plus graves depuis que saint Pierre avait construit l'Église de Dieu. Une crise qu'il fallait enrayer à tout prix, sous peine d'affaiblir dangereusement l'édifice doublement millénaire.

Il ordonna donc aux quatre mille évêques de l'immense univers catholique d'organiser des Journées mondiales des vocations, où tous les catholiques seraient invités à prier très fort pour que, partout dans le monde, des petits catholiques entendent de nouveau l'appel du Christ et que, touchés par la grâce divine, ils répondent « présent », comme les apôtres ont répondu « présent » quand Jésus leur a demandé de le suivre.

Si Dieu voulait véritablement consolider son règne sur terre – et comment pourrait-il en être autrement ? –, il allait forcément exaucer ces prières, faire retentir l'appel à vocation dans l'âme de jeunes garçons de l'âge du petit catholique.

Alors, les grands séminaires se rempliraient de nouveau et cesseraient d'être ces immenses bâtisses accolées aux cathédrales, dont on se demande toujours en quoi on pourra bien les reconvertir un jour.

Lorsque le curé du village des pécheurs entama son prêche dominical avec comme objectif unique de susciter une vague de prières en faveur des vocations, les pécheurs virent immédiatement qu'il s'y était soigneusement préparé. Ce n'était pas un de ces prêches routiniers qui, pour la forme, rappelaient aux pécheurs le sens de l'Épître ou de l'Évangile du dimanche en question. Ce n'était pas non plus un prêche directement inspiré d'un ouvrage de prêches-types dans l'année liturgique.

Les pécheurs le comprenaient bien : il y allait ce jour-là de l'avenir du règne terrestre de Dieu par l'entremise de sa fille, la Très Sainte Mère l'Église.

Pouvaient-ils seulement imaginer que le village serait un jour privé d'un curé qui veillerait sur ses trois cents âmes pécheresses ? Qu'il n'y aurait plus de Sainte Messe célébrée quotidiennement dans cette église où leurs ancêtres priaient pieusement depuis des siècles et des siècles ?

Les pécheurs furent contraints d'admettre ce jour-là que leur curé était capable – à de trop rares moments, hélas ! – de toucher leurs cordes sensibles. Ils sentaient bien que sa gorge était nouée quand il leur lança, en les fixant longuement du regard, les uns après les autres :

– Par le passé, notre village a donné tant et tant de fils et de filles à notre Sainte Mère l'Église. De fils et de filles qui, répondant à l'appel de notre Seigneur, sont allés porter le message de Jésus-Christ sur tous les continents. Mais, depuis de trop longues années, la source est tarie. Prions, mes frères ! Prions pour que dans nos familles, dans notre village, s'allument de nouveau des flammes dans le cœur de jeunes garçons prêts à répondre « présent » à l'appel du Christ. Prions pour que ces vocations se révèlent dans les toutes prochaines années, car le temps presse !

À la fin du prêche, tous les pécheurs regardaient fixement leurs chaussures du dimanche fraîchement cirées, car ils craignaient que leur curé n'éclate en sanglots, spectacle auquel ils ne souhaitaient pas assister. Ils devinaient en tout cas que, déjà, il ne retenait plus ses larmes.

Au premier rang de l'église, côté hommes, un petit garçon regardait lui aussi ses chaussures, en espérant que personne ne le verrait rougir.

Le petit catholique avait bien compris que celui qui devrait normalement entendre l'appel du Seigneur au cours des prochaines années, c'était lui, puisqu'il était dans toute cette assemblée le seul jeune homme à connaître les déclinaisons latines, ou à tenter de les connaître, et à avoir une attirance pour la parole divine. De plus, certains de ses traits évoquaient ceux de l'enfance du saint curé d'Ars et de Padre Pio, qui à ce moment n'était pas encore saint, car vivant, mais dont personne ne pouvait douter raisonnablement qu'il le serait un jour.

Ce que le petit catholique craignait par-dessus tout, à cet instant précis, c'était de rencontrer le regard de son curé.

30

Le curé d'Ars et Padre Pio avaient tous deux été des enfants timides et silencieux.

Le petit catholique n'était ni vraiment timide ni vraiment silencieux. On l'a vu par exemple s'opposer – dans une lutte certes perdue d'avance, mais qu'il avait cependant menée avec courage – aux sandales rouges choisies par sa mère. Mais, comme le curé d'Ars et Padre Pio dans leur enfance, le petit catholique aimait la solitude, en particulier celle de la forêt, la nature étant la preuve si éclatante de la Toute-Puissance du Créateur.

Le petit catholique était un garçon sensible. N'était-il pas profondément bouleversé lorsqu'un blasphème se commettait en sa présence ? Bien sûr, dans une telle situation, il ne se mettait pas à pleurer à chaudes larmes comme Padre Pio enfant. Mais il ne faut pas oublier que Dieu avait décidé de faire de Padre Pio un saint et qu'il avait vraisemblablement pris cette décision à sa naissance. Il était donc normal que cela se remarquât dès son plus jeune âge, afin que ceux qui allaient écrire sa vie pour la collection « La Vie des saints » aient des choses intéressantes à raconter à leurs lecteurs. On ne pouvait donc pas comparer le petit catholique à Padre Pio enfant, même s'il y avait certaines similitudes.

Le cours de catéchisme suivant la Journée mondiale des vocations fut consacré exclusivement à la crise des vocations, ce qui est bien normal, car c'était parmi les fils des pécheurs qu'il fallait en susciter, des vocations. Les pécheurs adultes, eux, étaient invités simplement à la prière en vue de la résolution de la crise.

Le curé expliqua de nouveau, longuement, qu'il y avait de moins en moins de jeunes se destinant à la prêtrise dans les grands séminaires et que, si les choses continuaient ainsi, les prêtres seraient de plus en plus âgés et que bientôt il n'y en aurait plus du tout, ce qui serait catastrophique pour l'avenir du règne de Dieu sur terre et dans la contrée, terre de foi réputée.

Car si notre Seigneur règne sur la terre comme aux Cieux, il faut avoir à l'esprit qu'aux Cieux, bien sûr, ça ne Lui pose aucun problème d'être le maître. Là-haut, Il est seul. Là-haut, le maître absolu, c'est Lui et personne d'autre.

En revanche, sur terre, il lui faut de fidèles serviteurs qui témoignent de Sa parole. Des prêtres, en un mot.

Or, répondre avec enthousiasme à l'appel du Christ, n'était-ce pas la plus belle preuve d'amour que l'on pouvait donner à Dieu ?

Le curé insistait bien sur le fait que, si jamais un fils de pécheurs sentait quelque chose qui pouvait ressembler à un appel du Seigneur, il fallait immédiatement lui en faire part. Mais visiblement le Seigneur ne Se manifestait auprès d'aucun des jeunes du village. En tout cas, personne n'avait rien senti jusque-là.

À la fin de la leçon de catéchisme, le curé pria le petit catholique de rester dans la salle de classe.

– Tu as bien compris la leçon sur la crise des vocations ? lui demanda-t-il lorsque les autres enfants furent partis.

– Oui, monsieur le curé.

– Tu n'as pas de question à me poser ?

– Non, monsieur le curé.

– Si tu as des choses à me dire, il ne faut pas hésiter, tu sais.

– Non... Oui... monsieur le curé. Merci, monsieur le curé.

À l'époque du petit catholique, il fallait dès la classe de sixième choisir entre deux sections : la classique (avec du latin) ou la moderne (sans latin). Les parents du petit catholique optèrent pour le latin, ce que le curé approuva vivement :

– Le latin, ça sert toujours, disait-il. Pour la médecine, le droit, ou le grand séminaire.

Mais les notes en latin du petit catholique étaient lamentables.

Il connaissait pourtant le latin d'Église, une langue qui lui convenait parfaitement, car il suffisait d'en connaître la musique. Les paroles n'avaient pas grande importance. Il savait qu'à *Dominus vobiscum* il fallait répondre *Et cum spiritu tuo*, en faisant tinter le carillon. Il savait qu'au *Kyrie eleison* la messe ne faisait que commencer, mais qu'à l'*Agnus Dei* il ne restait plus qu'un petit quart d'heure.

On peut donc dire qu'il avait des notions de latin relativement précises, même s'il ne comprenait pas ces chants, que d'ailleurs même des spécialistes en latin n'auraient pas pu comprendre, la prononciation latine étant bien trop marquée, au village des pécheurs, du sceau particulier du dialecte qu'on y parlait.

Mais ce latin d'Église n'avait rien à voir avec celui que son professeur de latin voulait lui inculquer à base de *rosa, rosae* et de guerre des Gaules, avec des pages entières décrivant des cohortes d'éléphants qui risquaient leur vie à traverser les Alpes pour faire des guerres puniques.

Le curé se tenait informé des notes obtenues par le petit catholique en latin. Elles étaient de plus en plus catastrophiques, ce qui semblait donner beaucoup plus de souci au curé qu'à ses parents. Il finit par faire une proposition extrêmement généreuse: tous les jeudis, en fin d'après-midi, le petit catholique se rendrait pendant deux heures au presbytère et il lui apprendrait les conjugaisons et les déclinaison latines.

Or, le jeudi en fin d'après-midi, le petit catholique avait coutume de se poster sur la branche d'un vieux hêtre en lisière de forêt, pour guetter le passage d'une harde de cerfs dont il avait relevé les allées et venues.

Il ne serait donc plus question de courir les bois ni de grimper aux arbres.

Désormais, il passerait les soirées du jeudi près du prie-Dieu recouvert de velours rouge, sous le sourire miséricordieux du saint curé d'Ars.

Ses parents le lui rappelaient chaque jeudi :

– N'oublie pas de le remercier pour le temps qu'il te consacre !

Il est vrai que le curé avait quand même en charge près de trois cents âmes à lui tout seul.

31

Les cours de latin du jeudi après-midi ne se passaient pas sans mal.

– Je ne comprends pas, disait régulièrement le curé d'un ton agacé. De mon temps, au petit séminaire, on avait une manière tout à fait différente d'expliquer les règles de grammaire. C'était beaucoup plus clair que ces nouvelles méthodes d'enseignement du latin.

Le petit catholique se rendait bien compte en effet de ce décalage. Car si, en se rendant au presbytère, il avait conscience de ses lacunes considérables en grammaire latine, il avait en rentrant chez lui deux heures plus tard le sentiment désagréable que toutes ces règles étaient encore bien plus confuses dans sa tête, tant la pédagogie de son curé était différente de celle de son professeur. Il en vint même à se demander si c'était bien la même langue qu'ils enseignaient tous les deux.

En réalité, ces cours de latin du jeudi après-midi étaient aussi une bonne occasion pour le curé d'orienter le petit catholique vers des activités religieuses, avec le secret espoir qu'elles finiraient par déclencher dans l'âme de ce garçon sensible et intéressé par la religion le petit signal tant attendu de l'appel du Christ.

Ainsi le petit catholique eut-il la chance de pouvoir participer à un pèlerinage de lycéens au sommet d'une montagne dédiée à la sainte patronne de la contrée. On y célébrait la messe à la guitare, ce qui lui rappelait le passage des scouts au village des pêcheurs quelques années auparavant.

Le curé avait bien senti chez le petit catholique une attirance pour cette modernité absolue : les messes accompagnées à la guitare.

Délaissant une fois de plus les déclinaisons latines, il orienta leurs échanges vers des conversations à caractère religieux, ce qui au fond soulageait le petit catholique, car il avait fini par prendre en horreur cette langue morte depuis si longtemps.

– Comment était le prêtre qui a célébré la Sainte Messe ?

– Il était sympathique, monsieur le curé. Et très simple.

– Jeune ?

– Oui, monsieur le curé.

– Tu vois qu'un jeune prêtre comme lui peut faire beaucoup pour les vocations. Ça ne m'étonnerait qu'à moitié qu'après de tels pèlerinages, certains jeunes comme toi entendent l'appel du Christ et deviennent prêtres !

Grâce à l'intercession de son curé, le petit catholique put même participer à un pèlerinage de jeunes à Rome, avec un détour par Assise où il eut le bonheur de pouvoir prier dans la basilique dédiée à saint François, dont il avait tellement aimé l'histoire en bandes dessinées.

La délégation du pèlerinage des lycéens de la contrée avait été reçue en audience privée par Jean XXIII. Le petit catholique avait pensé qu'audience privée signifiait qu'il verrait le successeur de Pierre dans sa salle à manger. Mais il y avait trop de monde ce jour-là, alors il n'a vu le pape que de très loin, mais il l'a vu, de ses propres yeux vu.

À Rome, la capitale mondiale du catholicisme, le petit catholique, qui jusque-là était très peu sorti du village des pêcheurs, ressentit un double choc, qu'il n'eut pas le courage de confier à son curé au retour.

C'est là qu'il vit les premiers mendiants de sa vie. Il connaissait leur existence par les Saintes Écritures. Mais les mendiants qui, sur la place Saint-Pierre, allaient de pèlerin en pèlerin en tendant la main et en prononçant des paroles italiennes encore plus difficiles à comprendre que le latin de la guerre des Gaules, ces mendiants-là étaient les premiers qu'il voyait de ses propres yeux.

Sur cette même place Saint-Pierre, le jour de Pâques, il vit une chose bien plus incroyable encore : une Rolls Royce !

Et de cette Rolls Royce descendit un vieil archevêque, qui avait des chaussettes violettes et un regard tellement supérieur que même les mendiants semblaient le craindre !

L'évêque de la contrée avait également des chaussettes violettes, qu'on voyait lorsqu'il sortait de sa Citroën traction avant 15 CV. Mais l'évêque de la contrée était un homme bon, ce qui s'entendait immédiatement quand il s'adressait en dialecte aux pécheurs, un peu comme le Padre Pio qui lui aussi parlait toujours en napolitain à ses compatriotes. Il s'appelait Weber, monseigneur Weber, ce qui le rendait d'autant plus populaire que ce nom était celui de beaucoup de familles au village des pécheurs.

Dans sa traction, il y avait une séparation de verre entre la place du chauffeur et le reste de l'habitacle. Le petit catholique avait supposé que cela permettait à l'évêque de confesser des pécheurs pendant ses voyages.

Les servants de messe s'étaient d'ailleurs violemment disputés autour de la traction épiscopale, dont le compteur indiquait qu'elle pouvait atteindre cent soixante kilomètres à l'heure. Certains servants de messe estimaient que la traction ne pouvait pas atteindre cette vitesse de pointe, et que l'indication était purement théorique. D'autres affirmaient au contraire que, s'il y avait la mention « 160 », c'était que l'évêque pouvait se déplacer sans problème à cette vitesse en cas d'urgence, et que d'ailleurs la voiture avait la puissance de quinze chevaux mis ensemble, ce qui faisait quand même pas mal.

Cette question de vitesse de pointe des voitures divisait profondément les garçons des pécheurs, qui relançaient la discussion à chaque fois qu'un nouveau modèle venait se garer sur la place du village. Certains modèles avaient des noms à faire rêver : il y avait les Frégate et les Prairie de chez Renault, les Versailles et les Chambord de chez Simca, qui avaient deux couleurs et l'air de belles américaines.

Le petit catholique avait bien tenté d'interroger son père à ce sujet, mais son père n'était pas

Citroën, son père était Peugeot. Il pouvait lui confirmer ce que le petit catholique savait déjà : que, sur ligne droite, la 203 pouvait atteindre les cent trente kilomètres à l'heure, mais pour la traction il ne savait pas.

En revanche, il savait qu'il se faisait de plus en plus de souci à la lecture des derniers bulletins scolaires de son plus jeune fils, le petit catholique.

Lorsque les parents du petit catholique avaient conclu avec le curé du village l'arrangement des cours de latin du jeudi après-midi, les notes du petit catholique était extrêmement faibles. Il semblait peu probable qu'elles pussent encore baisser.

C'est pourtant ce qui se produisit.

Les parents, qui avaient été convoqués par le professeur de latin, finirent par se demander ce que le petit catholique pouvait bien fabriquer au presbytère le jeudi après-midi.

Le curé, lui, curieusement, ne semblait pas s'inquiéter de cette fâcheuse évolution.

Il rappela au petit catholique que le saint curé d'Ars avait lui aussi été très mauvais élève en latin, à tel point qu'il avait été renvoyé une première fois du séminaire de Lyon ! Est-ce que par hasard cela l'avait empêché de devenir par la suite le saint universellement connu qui, depuis le tableau accroché près du prie-Dieu, suivait leurs conversations de son sourire où l'âme affleurait ?

– Sais-tu qui a aidé le saint curé d'Ars en latin, quand on a voulu le renvoyer du grand séminaire de Lyon ?

– Le curé de son village, qui lui donnait des cours supplémentaires.

– Exactement. Et c'est grâce à ce brave curé que Jean-Marie Vianney est devenu le saint curé d'Ars. Et je vais te confier autre chose, que tu garderas pour toi : le prêtre qui est responsable de l'enseignement du latin au grand séminaire, je le connais bien. Nous avons été ordonnés le même jour. Alors, le moment venu, je lui glisserai un mot si nécessaire...

32

On demandait parfois au petit catholique ce qu'il voulait faire comme métier quand il serait grand.

– Je ne sais pas, répondait-il en rougissant, comme s'il se sentait coupable d'une faute mystérieuse.

Son curé savait quel serait le bon choix. Il lui confia que, tous les jours, il priait pour qu'il entende l'appel de Dieu et qu'il se fasse un honneur d'y répondre avec ferveur et enthousiasme.

– Tu as la générosité, la science et la piété qui feront de toi un fidèle serviteur du Christ. Je suis sûr que tes parents seraient fiers de toi ! Ils ont déjà un fils qui honore notre Seigneur en jouant de l'orgue à la messe, et un autre qui est au Ciel comme tu le sais. Tu te rends compte du bonheur que cela serait pour ton frère qui est au Ciel, si tu devenais prêtre et que Jésus, par l'ordination, t'associe à Son sacerdoce éternel ?

La seule évocation de Georges bouleversait profondément le petit catholique. Il savait bien qu'il avait envers lui une dette immense depuis l'incendie de la meule de foin. Il se souvenait parfaitement que, lorsqu'il avait pris la fuite en courant, laissant derrière lui les flammes gigantesques anéantir la meule et calciner à tout jamais le corps du Christ, à ce moment-là Georges était au-dessus de lui au Ciel et qu'il pleurait à chaudes larmes parce que lui, le petit catholique, avait commis ce péché si abominable.

Le prêtre avança alors deux prie-Dieu au milieu de son bureau et invita le petit catholique à s'agenouiller à ses côtés.

Il joignit les mains. Le petit catholique l'imita instinctivement.

– Prions. Christ Jésus, Prêtre éternel et Saint Pasteur de nos âmes, Vous avez dit à Vos apôtres : « La moisson est grande, mais il y a peu d'ouvriers » – choisissez des prêtres parmi vos enfants. Donnez à... (ici, le prêtre cita, la voix tremblante, le prénom du petit catholique) la grâce de répondre généreusement à Votre appel et de se préparer par la prière et par l'étude à recevoir les saints ordres.

Sur le chemin du retour, le petit catholique se demandait si être touché par la grâce, ce n'était pas justement ce qu'il venait de vivre avec son curé.

Au cours suivant, celui-ci, sentant le trouble qui gagnait l'enfant, tenta de le mettre en confiance.

– Tu souhaites peut-être en savoir plus sur la vie au grand séminaire, l'ordination ou la prêtrise en général ? N'hésite pas à me poser des questions !

– J'aimerais savoir pourquoi les prêtres ne peuvent pas se marier.

– Parce que c'est écrit, et parce que c'est un grand honneur de consacrer toute sa vie au Christ. D'ailleurs, un prêtre doit se consacrer entièrement aux âmes qui lui sont confiées. Il ne pourrait pas s'occuper d'une famille, par exemple. Un prêtre est beaucoup trop pris par les âmes qu'il a en charge.

Le petit catholique songea, bien sûr, aux curés des protestants et à ceux des juifs qui, eux, avaient une famille en même temps que des âmes en charge. Mais il préféra ne pas aborder cette question, car il savait que son curé n'aimait ni les protestants (parce qu'ils étaient protestants) ni les juifs (parce qu'ils avaient tué le fils de Dieu).

– Mais, monsieur le curé, les représentants qui sont toujours sur la route, qui restent tard le soir chez leurs clients, dont les enfants dorment depuis longtemps quand ils rentrent chez eux, ils ont le droit de se marier, eux, alors qu'ils n'ont pas beaucoup de temps à consacrer à leur famille !

33

Il faut dire que les représentants de commerce occupaient une place très importante dans la famille du petit catholique. Ces hommes, qui portaient des cravates même en semaine, s'exprimaient dans des dialectes distingués et employaient des mots inconnus du petit catholique. Ils parlaient énormément, et beaucoup plus vite que n'importe quel pêcheur du village. Ils changeaient très souvent de voiture, prenaient leurs aises chez leurs clients fidèles, étendaient leur lingerie dans toute la *stub*, ou vantaient d'une voix tonitruante les mérites de leur aspirateur-traîneau dernier cri.

Sa mère avait-elle une hésitation sur les qualités de l'engin ? Il fallait donc, pour débloquer la situation, convaincre le chef de famille. Et c'est ainsi que le père du petit catholique, qui de sa vie n'avait touché un balai ou une serpillière, se retrouvait avec le tuyau de l'aspirateur entre les mains, sommé de débusquer les amas de poussière accumulés sous le buffet, à la grande honte de la mère.

– Alors, qu'est-ce qu'il dit, le patron ?

– Formidable !

Jamais le petit catholique n'avait vu son père obéir ainsi à un homme qu'il connaissait à peine !

Ces jours-là, on l'autorisait à se coucher plus tard. Il était donc absolument certain d'une chose : lorsque ces représentants rentraient chez eux, leur femme et leurs enfants étaient au lit depuis longtemps.

En fin d'année scolaire, le proviseur du lycée convoqua les parents du petit catholique :

– Votre fils est un gentil garçon. Un peu timide peut-être, mais gentil. Ses résultats scolaires ne sont pas brillants. Honorables, sans plus. En revanche, en latin, il n'a cessé de dégringoler tout au long de l'année. Nous sommes donc contraints de le faire passer en section moderne à la rentrée prochaine.

Les parents du petit catholique en conclurent que leur curé était certes un saint homme, mais qu'il n'avait pas beaucoup de dispositions pour l'enseignement du latin. Ils ne firent aucun commentaire sur le passage imposé en section moderne.

Le curé, quant à lui, rappelait chaque semaine en confesse au petit catholique que, s'il se décidait enfin à entendre l'appel de Jésus, ses parents seraient fous de joie. Le curé disait la vérité, bien sûr, puisqu'il était curé. Pourtant, jamais ses parents n'abordèrent la question avec leur fils, ce qui l'étonnait beaucoup : si cela devait effectivement combler de joie ses parents d'avoir un fils prêtre, pourquoi n'y faisaient-ils jamais allusion ? Pourquoi le passage imposé en section moderne n'avait-il en apparence suscité aucune réaction de la part de son père, alors que ce changement d'orientation éloignait le petit catholique du grand séminaire ?

Le petit catholique se sentait bien seul face à toutes ces questions.

Mais pour lui la solitude n'était pas une chose vraiment tragique. Il vivait en sa compagnie depuis si longtemps déjà.

34

Le temps passa.

Le représentant en lingerie de la famille avait acheté le dernier modèle de chez Peugeot, la 404. Le petit catholique pensa que décidément ces hommes-là devaient mener une vie magnifique : chaque jour dans un autre village de la contrée, dans une autre famille, au volant des derniers modèles de voitures.

Un jour, il rêva de Georges. C'était la première fois qu'il rêvait de son frère déjà au Ciel, qu'il avait tant fait pleurer alors que le feu dévorait la meule de foin. En se remémorant son rêve au réveil, il s'étonna de ce que, cette fois-ci, Georges n'avait pas pleuré.

Georges était d'abord de dos, mais le petit catholique n'avait pas hésité un instant : ces boucles blondes, il les connaissait, elles n'avaient pas changé depuis que ses parents en avaient coupé une mèche sur son lit de mort. Puis Georges s'était retourné et avait regardé longuement son petit frère d'un air malicieux, avant de s'éloigner d'un pas nonchalant.

Le temps continuait de s'écouler.

Il y eut aussi cette fille du village voisin, dans son anorak rouge, qui fixait le petit catholique de son regard bleu, matin et soir, dans le car de ramassage scolaire. Jamais elle ne baissait les yeux quand leurs regards se croisaient.

C'est alors qu'il rêva une nouvelle fois de Georges. Très brièvement. Georges était de nouveau de dos. Mais cette fois-ci, il était loin, très loin, tellement loin que même s'il s'était retourné, on l'aurait à peine remarqué. Et quand il s'éloigna, il disparut très vite de l'écran du rêve. Il n'y apparut plus jamais.

Le petit catholique avait parfois le sentiment que le temps s'écoulait de plus en plus vite. Il lui était même arrivé d'oublier de se confesser !

Des idées nouvelles flottaient dans l'air qu'il respirait. Elles s'engouffrèrent de toutes parts dans sa tête étonnée et avide. Il découvrit des livres fort différents de ceux de la collection « La Vie des saints ». Il se mit à lire des journaux qui semblaient ignorer l'existence même de Dieu, se lia d'amitié avec des jeunes de la ville qui prétendaient que Dieu était une invention de l'homme...

Un jour, devant le parvis de l'église, il ne put éviter la soutane qui se dirigeait droit sur lui.

– Tu connais la nouvelle ? lui demanda le curé avec une grande tristesse dans les yeux.

– Laquelle ?

– Padre Pio est mort la semaine dernière.

– Ah bon ?

– Quand je l'ai vu il y a dix ans, le saint homme était déjà tellement squelettique. Jamais je n'aurais imaginé qu'il vivrait encore jusqu'en 1968 !

– Ah bon...

Le curé changea soudain de ton. Il avait du mal à dissimuler son amertume.

– Tu ne te confesses plus beaucoup, en ce moment...

– Non, monsieur le curé, j'ai du travail. Et je lis beaucoup.

– Qu'est-ce que tu lis ?

Lorsqu'il entendit les noms des auteurs que lisait celui pour lequel il avait tant prié, son visage se figea dans une expression que le petit catholique n'oublierait jamais.

Puis, lentement, inexorablement, le petit catholique devint grand.

Impression et finition
Saint-Paul Imprimeur
55000 Bar le Duc
Dépôt initial : septembre 2005
Dépôt légal : décembre 2005
N° 12-05-1061